WAC BUNKO

バカも休み休み言え！

岩田温

JN242947

WAC

はじめに

本書は現代日本政治についての入門書であり教科書です。できるだけ分かりやすく書くことを試みました。教科書というと政治的中立性が担保されていると考える人もおられるでしょう。無味乾燥でつまらない教科書が圧倒的に多いはずです。教科書が余りに楽しくて徹夜で読んでしまったなどという経験をお持ちの方はほとんどおられないでしょう。

なぜ、教科書はつまらないのか。

著者の意見が明確に書かれていないからです。しかし、本書では私の価値判断が全面的に押し出されています。過激ですが、つまらなくはないはずです。もちろん事実関係において嘘、あるいはフェイクニュースを信じ込んで解説したようなものは一切ありません。嘘、偽りがないのは大前提です。

現代政治の入門書というとジャーナリストの池上彰の本を想定されるかもしれません。彼はあたかも政治的中立性を保っているかのようなそぶりをしていますが、その本質は左翼だと認識すべきです。確かに彼はまったくのフェイクニュースを取り上げるということはしません。しかし、自分にとって都合の良いニュースを選択し、都合の悪いニュースは報道しないのです。報道しない自由を最大限活用するジャーナリスト、それが池上彰の本質に他なりません。

同じように全国の新聞、テレビも価値中立的なわけではありません。それぞれの政治的立場が紙面や番組に反映されています。例えば、朝日新聞と産経新聞の比較をしてみれば面白いでしょう。同じ事実であっても報道の仕方や分析の仕方が全く異なります。

2024年5月3日の憲法記念日の社説を比較してみるとよく分かります。朝日新聞の社説は「平和憲法と『戦争の影』『国民を守る』を貫くためには」とのものです。タイトルに「平和憲法」との言葉が使われている点が特徴的です。客観的中立性を守るのなら日本国憲法とすべきでしょう。ここで朝日新聞の姿勢が明確なのは、日本国憲法こそが平和憲法であり、憲法を変えることは戦後日本の平和を脅かすことになるとの価値判断の表明です。

考えてみれば不思議な話ではないでしょうか。

戦後日本の平和があったのはなぜでしょうか。

それは日本国憲法があったからではありません。日米同盟が存在し、自衛隊の方々が祖国を守るために汗をかいてきたからに他なりません。しかし、朝日新聞の価値観では憲法九条が存在したから日本は平和だったということになります。私から見れば極めて非論理的な思想信条に貫かれています。端的に言って、頭がおかしいと思われてなりません。

一方、産経新聞の社説は次のようなものでした。「憲法施行77年　国会は条文案の起草急げ　内閣に改憲専門機関が必要だ」。こちらもタイトルから分かることがあります。産経新聞は明らかに日本国憲法を平和憲法と捉えておらず、改憲が必要であるとの立場に立っているのです。私はこちらの方が正当で論理的な意見だと考えます。

この様に一つの事実を見ても論じ方、価値判断は様々なのです。全く中立的であることは政治においては極めて困難です。そして、政治学者である私は事実を正確に押さえたうえで自分自身の価値判断に基づいて政治的現象について論じます。従って本書は価値中立的な本ではありません。明確な保守主義の理念に基づいた現代政治の解説書なのです。

保守主義というと小難しい理論のように思われるかもしれません。

しかし、その本質は実にシンプルです。家族を愛し、郷土を愛し、祖国を愛する。これが保守主義の根幹に存在する哲学です。これに反対する人とは、私から見ると少し変わった人のように思われてなりません。自らの家族を呪い、郷土を嫌悪し、祖国を罵倒する。

らないのです。
「えっ」と思われませんか。国民の常識で考えてみれば、保守主義とは素朴な常識に他な

もちろん複雑な家庭環境に生まれた方もいらっしゃるでしょう。郷土の差別に苦しんだ人もいるはずです。そして、自らの祖国が北朝鮮のような国であった場合、素朴に愛することができないのは当たり前のことです。しかし、原理原則との観点から眺めれば、大方の人が自らの家族、郷土、祖国を愛するのが当然です。とりわけ日本のように恵まれた国であるならば、こうした意見に賛同する方の方が多いのではないでしょうか。

例外的な人々に対する手当は必要でしょう。だからと言って、原理原則が間違っているということにはなりません。本書は例外的な人々を差別せよと主張するものではありません。しかしながら、国民としての常識を政治の軸に据えてほしいと願う私の価値判断に基づいて執筆されたものです。

本書の多くはユーチューブの「岩田温チャンネル」に収録したものに加筆訂正を加えています。政治学者がユーチューバーになることに対して、批判的な見解も存在します。しかし、なぜ彼らはテレビに出演する政治学者を疑ってみようとしないのでしょうか。本当にテレビに出演している政治学者たちの主張が中立的であると考えておられるのでしょう

か。そうであるならば、端的に言って愚かすぎる。

ＮＨＫ、朝日新聞、毎日新聞、東京新聞等々に登場する政治学者の多くは「リベラル」を自称する左翼に他なりません。彼らの主張に耳を傾けていると頭が混乱してきます。家族、郷土、祖国を罵倒することが正義であるかのように語る人々が余りにも多すぎるからです。

ユーチューブとは既存のメディアに対する保守主義者の反撃の場でもあります。かつてマルクスは『共産党宣言』の中で、「万国のプロレタリアートよ、団結せよ」と主張しました。私は保守主義者として全世界の国民に訴えるつもりはありませんが、少なくとも日本国民には訴えたい。「日本国民よ、マスメディアの主張に懐疑の念を抱くべきである」。

本書が国民を洗脳する機関と成り果てたマスメディアに対する反撃の狼煙《のろし》となることを願ってやみません。

令和６年10月吉日

岩田　温

バカも休み休み言え！◎目次

第4章　日本の社会を壊したい人たち …… 191

装幀／須川貴弘（ＷＡＣ装幀室）
・文中の敬称は基本的に略しています

第1章

石破新総裁と自民党の愚かな面々

【第1講】亡国の石破政権が日本を破壊する！

リベラルに乗っ取られた自民党

石破茂内閣が誕生しました。私は、この選択をした自民党の国会議員に大変失望しています。日本は今後、悪い方向に進むに違いありません。

石破に『保守政治家』（講談社）という著書があります。でも彼は、決して保守政治家ではありません。彼の特徴が一番よく表れているのは、この本の第五章です。「保守とはリベラルのことである」とあります。それが石破の信条だということなのですが、これがあまりに非論理的です。

確かに、リベラリズムと保守主義は近い部分があります。ただし、本来のリベラリズムとは何かと言ったら、それは「個人の自由を尊重しよう」とか「言論の自由を守ろう」などという当たり前のことです。保守主義も伝統とともに個人の自由を尊重しますから、リベラリズムと保守主義は両立します。

ただし、現代の「リベラル」を自称する人とはいったい何なんだろうかと考えてみると、自由というものをはき違えたような、おかしな主張をする人たちのことを指します。今回、総裁選で石破に投票した人たちは、これと似たり寄ったりではないかと思ってしまうほどです。

総裁選では決選投票に高市早苗と石破が残り、第一次投票の党員票は109と108、議員票でも高市が72、石破が46だったのに、決戦投票では194対215と大逆転されてしまいました。

なぜこうした現象が起こったのかというと、注目すべきは小泉進次郎に投票した議員たちの動向です。この人たちが、「高市よりは石破」と、雪崩を打ったようになびいたのです。

いちばん高笑いしているのは、もちろん石破でしょうが、その次に喜んでいるのは、キングメーカーになった菅義偉元総理、そして高市を毛嫌いしていた岸田文雄前総理でしょう。「小石河連合」とまではなくとも「小石岸連合」になったのです。

かつて菅元総理は「趣味は安倍晋三」と語っており、安倍政権を官房長官として支え続けました。官房長官としては有能な人物であったと言えます。しかし、多くの人々が懸念していたのは、菅には国家観が欠けているとのことでした。その結果、総理退任後は「趣味は河野太郎」、そして今度は「趣味は小泉進次郎」と迷走を続けています。ある報道によれば、岸田前総理は決選投票では「高市以外に投票せよ」と自身の側近に語っていたとのことです。

またあるネット記事では、岸田が高市をイスラム原理主義者の「タリバン」と呼んで罵倒していたとありました。

派閥を解消することを思想信条としていた菅と実際に派閥を解散させた岸田が自ら派閥の論理で、国家観を持つ無派閥の高市早苗を攻撃していたというわけです。魑魅魍魎《ちみもうりょう》とはこうした可笑しな世界を表現するための言葉でしょう。

私は、小林鷹之議員に41の議員票が集まっているのを見て、これはおそらく高市側に回るだろうから、72＋41で113、ほかの候補者の票を獲得すれば大丈夫と考えていましたが、さにあらず、哀しい結果となってしまいました。

露骨な〝高市いじめ〟はいい加減にしろ！

この選挙結果を受けて、今後、自民党は二つに割れる可能性があるのではないだろうかと、私は考えました。今回は派閥なき総裁選でした。これまでのように派閥が存在していたら、石破も高市も総裁にならなかったでしょう。出馬すら出来なかったかもしれません。事前に派閥のリーダーたちがそれぞれ有力候補を立て、みながそれに従うかつての構図だと、小林鷹之も出馬できなかったでしょう。

結果がどうなったというと、最後はアンチ高市とアンチ石破の戦いとなりました。

しかも、おかしな現象が多かったことも忘れられません。例えば、「高市陣営だけが政策を記したリーフレットを全国の党員に配っている」と、総裁選挙管理委員会がクレームをつけました。その後「それが高市に有利に働いている」という議論がされました。

しかし、厳密に言えば高市はルール違反をしていません。総裁選挙管理委員会は「お金をかけない選挙」ということで、リーフレット配布を禁止しましたが、高市陣営は禁止される前に配布をしていたのです。

不思議でならないのは、「金のかからない選挙」だからといって、全国の自由民主党の党員に、政策をアピールする文書を送るのが悪いことなのでしょうか。

自民党は選挙の際に、膨大な金をかけてテレビコマーシャルを流しています。それも国民の税金を使って、自分たちの政党の宣伝をしているわけです。「金がかからない……」というのなら、テレビCMも新聞広告もストップするべきでしょう。まるで「高市いじめ」だとしか思えない報道批判に唖然としました。

同様の理由からオートコールという電話勧誘もやめるとのことでした。しかし、これは実際には実行されていました。私の手伝いをしてくれているミスターFは、大学時代の友人に頼まれて自民党の党員になっています。党費はその友人が払っています。つまり名義貸しです。その彼のところに「茂木候補をよろしくお願いします」という電話がかかってきました。何度も問い返そうとしても、一方的に音声が流れるだけ。これがオートコールによる選挙運動です。なぜ、こちらは問題視されないのでしょうか。

自民党大分裂の予兆!

ともあれ、石破総裁の誕生で、自由民主党がおかしな政党になってしまうでしょう。相手の立憲民主党代表が海千山千の野田佳彦元総理だからというわけではありません。もちろん、小泉進次郎では野田にとても太刀打ちできません。でも石破なら、対等に渡り合えるはずです。石破の答弁はノラリクラリなので、失言はないはずです。

問題は、石破が「似非《えせ》保守」だというところにあります。詳細は次講で述べますので簡単に要約します。彼は『保守政治家』で、「リベラル保守」を自認しています。では、何をやりたいのかと言ったら、「夫婦別姓」、「同性婚」、「女系天皇」の検討です。これのどこが保守なのか、理解に苦しみます。

私の尊敬する文芸評論家に江藤淳がいます。江藤は「いままで続いてきたものは、いままで続いてきたのだから、新しいものが来たらとりあえず『嫌だ』『なにかおかしいのじゃないか？』」と思う気持ちを持つ、これが保守だ」と言っているのです。新しい方法もあるかもしれないけれど、いままでこれでやってきたのだから、まずは「嫌だ」と考える感性を大事にするのが保守の姿勢だというのです。

こうした保守の感性がまったくないのが石破茂です。女系天皇、同性婚、夫婦別姓はいままでの日本にはなかったものです。そういうものが外国にあるからあるいは便利だ、といって「はいはい、そうしましょう」と取り入れるのではなく、まずはそれが伝統ある日本社会の仕組みに合うのかどうかを吟味しながら、改善すべき点を考えていくのが保守の姿勢というものです。

中島岳志という学者がいます。西部邁が目をかけていましたが、とんでもない人でした。一番びっくりしたのは、日本の政党の中で最も保守主義に基づいた政党は共産党であると主張しているのです。『1984年』で有名なジョージ・オーウェルが「戦争は平和だ。真理は嘘だ。友情は敵だ」などという転倒した言い方を転倒語法として紹介していますが、「保守がリベラルだ」という言い方は転倒語法そのものです。

リベラルに憧れる石破は立憲の主張と極めて親和性が強いわけです。野田内閣の時代には女系天皇の制度化に突き進んで行きました。夫婦別姓に関しても、立憲民主党は両手を挙げて推進しています。同性婚についても、立憲民主党の大多数は賛成するでしょう。

そう考えてみると、自民党に投票した有権者は保守政党を選んだつもりだったのに、実際は、保守政党を騙る自由民主党と左翼政党である立憲民主党が同じ方向を向いて、これまでの日本ではあり得ないような社会をつくる可能性があります。

もし安倍晋三元総理がご存命なら、絶対にありえなかった政策です。

簡単に言ったら今の日本の政治は〝壊れた車〟のような状態になっているわけです。車は、右にハンドルを切れば右に曲がる、左に切れば左に進む。右に行ったり左に行ったりできるわけで、真っすぐしか進めないということはない。政治も一緒で、時に左、時に右に行かなければいけないこともあります。

でも、石破自民党と野田立憲民主党が同一歩調をとったら、左にしか進めなくなってしまうのです。しかも、アクセルはあってもブレーキはない。どこに保守政党の存在があるのだと、いま、そういう状況になっています。

政界再編で〝正当な自民党〟を作れ！

派閥が解消された現在、本当にやるべきは政界再編しかないでしょう。高市、そして小林に賛同した政治家たちが結集するのです。もしかしたら立憲民主党の中にも同調する人が現れるかもしれません。そして150人くらいの塊になって総選挙というような状況になれば、「この人たちに日本の将来を託してみよう」と思う人たちが出てくるでしょう。そういう状況をいま、作り上げていく。そういう時代になったと感じます。

「自民党は将来的に変わる可能性がある」と、私は何度も主張してきました。いままで変わろうとして変われなかったのは、派閥の力学があったからです。派閥には利点も弱点もありますが、いままではその対立構造や合従連衡によって自民党という政党のヒエラルキーや、政府運営の組織体系が決まっていました。

しかし今後、派閥の力学がうまく作用しないとなると、議員を派閥が守ってくれなくなります。これは一見〝実力主義〟に転換するかのように見えますが、半面、恐ろしい体制ができる可能性もあるのです。

どういうことか？

石破総裁、幹事長、あるいは官房長官たちの覚えがめでたくない人は、内閣の閣僚にも、党の要職にも就けないことも考えられます。こういう状態になれば、石破と疎遠な方たちは、党を割るしかないでしょう。石破政権打倒を旗印にし、政権交代を目指すのです。

石破はすぐには解散総選挙をしないと明言していましたが、嘘でした。勝てるタイミングで勝とうとするのが石破です。原理原則を語っているようでいながら、行動が伴わない。

総裁選の最中、石破は「早期の解散は行わない」と述べました。また、時の首相が勝てるタイミングで解散する解散権の乱用については、批判を繰り返してきました。確かに日本国憲法を厳密に解釈すれば、石破の論理は真っ当なものです。しかし、自分自身が権力を掌握した瞬間に、予《かね》てよりの主張をかなぐり捨てる。端的に言えば、「嘘つき」なのです。突如解散総選挙を実施すると決めましたが、これは言行不一致も甚だしい。後世この解散は「嘘つき解散」と呼ばれることになるはずです。

あの村上誠一郎を総務相に任命！

また閣僚人事の中で、サプライズ人事がありました。自民党始まって以来の最低の総務大臣の就任です。テロリストの凶弾に斃れた安倍晋三元総理を「国賊」と罵った村上誠一郎が総務相として入閣したのです。安倍元総理を慕う政治家、安倍元総理を支持し続けてきた自民党の岩盤支持層を裏切る最低最悪の人事に他なりませんでした。

『スターウォーズ』に登場するジャバザハットがテレビの画面から飛び出してきたのかと思われた方も多いでしょうが、彼はジャバザハットではなく村上誠一郎です。私は予てより林芳正がジャバザハットに似ていると感じていましたが、その比ではありません。ジャバザハットの生き写しのような村上誠一郎の登場に面食らいました。

彼は党内きっての左派といっても過言ではありません。立憲民主党や共産党の主張と変わらぬ論理を展開し続けています。よく石破は仲間を後ろから鉄砲で撃ってくると表現される政治家です。村上に至っては、仲間に向かって後ろから迫撃砲をぶち込んでくるような政治家です。

一番顕著だったのが、安倍内閣の最大の功績ともいえる平和安全法制制定時のことです。日本国憲法の範囲内で集団的自衛権を限定的に行使可能としたこの法案は世界から高く評価されています。ところが、左翼と徒党を組み、安倍大批判を展開したのが村上誠一郎に他なりません。

岩波書店の発行する左翼雑誌『世界』において、「集団的自衛権を問う」との特集の中で、護憲学者水島朝穂やレーニン主義者白井聡とともに安倍批判を展開しています。彼の批判は集団的自衛権の限定的な行使容認が、日本における立憲主義を破壊するとの主張です。まさしく立憲民主党、共産党の主張と同じなのです。

平然と嘘をつく似非保守石破茂と立憲共産党の同志とも呼ぶべき村上誠一郎が政権を担当しています。これを左翼政権と呼ばずに何と言えばよいのか。私には皆目見当もつきません。

理想を述べれば、この段階で高市早苗を中心に保守が立ち上がるべきでしょう。

高市早苗的なもの、言い換えれば安倍晋三的なものを支持する人は決して少なくないのです。時の流れとともに石破は、この人たちをどんどん潰していくでしょう。すると自由民主党は弱体化します。左傾化してしまうからです。

これはまさしく左翼自由民主党です。伝統を受け継ぐ保守自由民主党が誕生しない限り、自民党の衰退は目に見えています。とはいえ、保守自民党が誕生するような政局を誰が仕掛けられるかが問題です。昔の小沢一郎のような人は、いまの自民党には見当たりません。彼は政治的信条は別として、政局の達人ではありました。

しかし、そうした形の政界再編をして、左の自由民主党を破滅させるという戦略を取らなければ、日本は終わります。どうすればいいのか。私はずっと考えてきました。いまこそ党を割って、正当な保守主義を掲げる勇気のある政治家たちに期待するしかありません。ですが、短慮はいけません。いまから半世紀前、１９７６年に河野洋平（河野太郎の父）らが自民党を割って結党した新自由クラブのように、10人とか20人では意味がないのです。やはり１００人規模でないとインパクトを与えられません。そうすれば、従来の自民党を支持してきた業界団体や宗教団体が応援に回ります。左派自民党に打撃を与えられます。

そういう危機感を持たせないと、石破は「夫婦別姓を検討したほうがよい」などと言い出しかねません。「それはいけない」という姿勢を示すためには、数の力を誇示し、「自分たちの後ろにはこれだけの人がいるんだぞ！」と、恫喝するしか方法はないのです。恫喝は話し合いとともに政治の基本です。

このままでいったら、政権交代の可能性も出てきます。

では立憲民主党政権でいいのですか？

いいわけがない。

正当な自由民主党の系譜を受け継ぐ勢力があれば、国民は安心します。その中核になれるのが高市早苗です。

しかし高市自身は、有能な政策通ではあっても政局が得意だとは思えません。そこで、政局を得意とするブレーンがつくことによって、うまく回る。誰がやるのか。

やっぱり私か（笑）。もちろん冗談です。この誰かを探すのが難しい。

何度も申し上げておりますが、小選挙区制度では政党が乱立したら勝てないのです。そこで自民党を割って、保守二大政党制にする。そして石破に共鳴する「党内左派」的な人たちは野田的な人たちと一緒になればよい。そういえばこのご両人、顔もよく似ています。

石破総裁・石破総理の誕生は、そういうことを真剣に考えていく時期がやってきたということです。

繰り返しますが、高市は第一回目の投票で1位でした。しかし決選投票で石破に逆転を許します。それはこのたびのフランスの状況とよく似ています。ルペン率いる国民連合が当初、圧勝したのに、第二回投票では、マクロン大統領をはじめ、保守を名乗るところから左翼まで、よってたかって包囲網を作った結果、国民連合は第3党に落ちてしまいました。

高市の場合も、こんなふうに反対包囲網ができたら危ないと危惧していたのですが、残念ながら、それが現実になってしまいました。

でも、諦めるのはまだ早い！　高市を支持し、その姿勢に賛同する国民は多いのです。高市は、石破政権に甘んじることなく、反撃の牙を研いでいって欲しい。私もささやかながら応援を続けます。

（２０２４年９月27日）

【第2講】　石破茂にエセ保守の正体見たり！

石破はなぜ人望がないのか？

総理総裁の座に就いた石破茂は、当初〝一番人気〟だった小泉と比べると、政治経験も圧倒的に豊富であり、政策への理解も雲泥の差があります。何よりも基本的な教養、読書量が決定的に異なります。月とスッポンといってよいくらいです。

石破について論じるのであれば、より論理的、知的に論じなければ失礼に当たるでしょう。幼稚園児をあやすように批判できるほど非論理的な政治家ではないからです。

先ほども紹介した『保守政治家』を精読し、小泉と比べ、これほどまでに力量に格差があることに驚かされました。

確かに、保守派の中で石破を嫌う人々は多いのです。だが、論理的に石破を批判できる人は少ないはずです。「超」がつくほど多忙な中、読書の時間を見出し、少しでも知性を鍛錬しようとする姿勢は称賛に値します。

だが、それでも彼を批判せざるを得ないとの結論にたどり着きました。

この本を一読して感動的だったのは、田中角栄と石破茂の父・石破二朗の「刎頸《ふんけい》の交わり」とも言うべき友情関係でしょう。若くして郵政大臣に就任した田中角栄は東京タワーを建設しようとします。その時、待ったをかけたのが若くして建設省事務次官に就任した石破二朗でした。建設事務次官として、二朗は建築基準法を盾に角栄の案に反対したのです。

しかし、自ら建築基準法改正をした角栄は、二朗の条文の読み方が違うとして二朗を説得し、東京タワーの建設に漕ぎ着けました。新潟と鳥取という、中央から外れた地域の出身者でもあった二人は意気投合することになります。二朗は角栄よりもはるかに年長でしたが、「角栄のためなら死んでもいい」とまで公言していたそうです。

その後、二朗は鳥取県知事、参議院議員、自治大臣を務めますが、不治の病に倒れてしまいます。死期が近づきつつあったある日、母から石破茂に電話が掛かります。「死ぬ前にもう一回田中先生に会わせてほしい」とのことでした。石破が田中邸に恐る恐る電話をしてお願いすると、田中は即座に鳥取中央病院に見舞ってくれたそうです。そこで二朗は葬儀委員長を角栄に頼むと請うたのです。しかし、二朗は前知事であったから当然、県民葬になるし、葬儀委員長はその時の知事が就くべきだというのが角栄の論理でした。実際に県民葬が執り行われ、鳥取県知事が葬儀委員長を務めました。

だが、角栄は約束を果たします。自分自身が葬儀委員長となる葬式を東京で行ったのです。毀誉褒貶《きよほうへん》相半ばする人物ですが、田中角栄が義理と人情の人物であったのは間違いありません。

不思議なのは、こうした父と角栄の関係を目にしながら、石破茂には心の底からの真の友が存在するのだろうかという点です。むしろ、角栄と父との人間関係を眼にしておきながら、何をしているのだろうかというのが率直な感想です。

「安倍政治を批判するのは仲間を裏切るような真似ではない」と彼は強調します。「自民党政権の改めるべき点は改めるべきだ。批判こそが同志としての義務だ」と言います。だが、我々国民の目から冷静に見て、石破の安倍批判に誠実さを感じたことがないのです。何か綺麗事をいっているという匂いが漂うでしょう。もっといえば、マスメディアを利用しての売名行為のように感じてしまうのです。同志を守ろうとするがゆえの批判と、自らの立身出世のための批判では、自ずと性格が異なってくるはずです。我々、国民の眼は節穴ではないと申し上げたい。石破の批判は自らのパフォーマンスのためのような批判に見えてしまう。

マスメディアへの露出度の多さから、国民的支持は高いとされていますが、同志であるはずの国会議員の中で、「死んでも石破茂を守りたい」と望む人がいるとは、寡聞にして聞きません。「石破のためなら死んでもいい」と公言している政治家が存在しているのならば、その政治家に理由を問うてみたいのですが、そういう政治家の存在を聞いたことすらないのです。

関ヶ原の合戦の際、石田三成は盟友・大谷吉継に加勢を願ったと言います。しかしその時、大谷は戦に断固として反対しました。なぜならば、「三成には人望がないからだ」というのです。才能がないわけではないが、圧倒的に人望がない。これが石破茂の問題点ではないでしょうか。

〝保守〟とは何か

さらに重要になってくるのは、彼の保守主義への理解でしょう。

前にも少し触れましたが、『保守政治家』の第五章「保守とはリベラルのことである」を精読してみると、石破の論理破綻が明白になります。本人はいたって真面目に、しかも意欲的に執筆しているのだと思いますが、残念ながら「策士、策に溺れる」、「理論家、理論に溺れる」かのような論理構成になっているのです。

勉強家、読書家である石破は小泉とは決定的に異なり、保守主義について理解しようと挑戦している。その意気やよし、とすべきでしょう。

保守主義の思想的源流がエドマンド・バーク（18世紀イギリスの政治思想家「保守主義の父」として知られる）にあると指摘し、『フランス革命の省察』を重要文献として掲げている点は、紛れもなく正しいものです。石破はフランス革命の破壊的な急進主義、過激主義、無謬主義をバークが批判していることを紹介しています。

だが彼は、バーク以上に「文芸評論家・江藤淳の説く保守についての論考が最も腑に落ちる」と述べているのです。そして次のように自らの保守論を展開しています。

「保守というのはイデオロギーではなく、一種の感覚であり、たたずまいであり、雰囲気のようなものだ、ということです。皇室を貴び、伝統文化や日本の地方の原風景を大切にし、一人一人の苦しみ、悲しみに共感する。その本質は寛容です。相手の主張に対して寛容性をもって聞く、受け入れる度量を持つ、という態度こそ保守の本質です。

ですからこの点、いわゆる右寄りの主張を声高にする立場の人々は、本来は『保守』ではなく『右翼』と呼ばれるべきものだと思います」（『保守政治家』）

「相手の言うことを聞く柔軟性と寛容性、受け入れる度量、あるいはお互いに納得いくまで説明する努力、それこそが、保守とリベラルに共通する本質ではないでしょうか。つまり、逆説でも何でもなく、保守とはリベラルのことでもあるのです」（同右）

保守主義とは論理ではなく感覚だという趣旨であり、ある程度、この点に理解を示すこともできます。保守主義とは視野狭窄なイデオロギーを狂信し、世界をイデオロギーによって構成し直そうと考える思想ではないからです。

確かに、保守主義者が寛容の精神を持つことは重要であり、リベラリストもまた寛容の精神を持つことが重要でしょう。お互いの寛容性が誠実で真剣な議論を生む契機となる。このこと自体を否定するつもりは毛頭ありません。

しかし、江藤が『保守とはなにか』の中で論じている重要な点も閑却《かんきゃく》すべきではないのです。江藤は何事にも寛容であることが保守の条件だ、とは一言も述べていないのです。

江藤は云います。

「いい、悪いの前に、異物がきたらまず追い返す。この感覚が保守なのです」

今まで自分たちが常識としてきたもの、そうしたものを変えようという動きに対して、まずは拒絶反応を示す。論理や理性、そうしたもの以前に、慣れ親しんだものへの愛情を注ぎ、珍奇なものを断固として拒否する。たとえ、それが非論理的だと呼ばれようが、愚かだと罵《ののし》られようが、新しいものはとりあえず疑ってみる感覚が保守だとも述べているのです。

石破茂は〝保守〟ではない

翻《ひるがえ》って、「寛容こそが保守だ」と連呼する石破は何を掲げているのでしょうか。

選択的夫婦別姓、同性婚、女系天皇の検討――。

「いい、悪いの前に、異物がきたらまず追い返す。この感覚が保守なのです」という江藤の保守の感覚とは随分とかけ離れた考え方、政策を掲げているように思えてなりません。

寛容こそが保守だと強調するあまり、「リベラルな政策を説くことが保守である」とした、倒錯した論理に陥っていないでしょうか。右を向くことは左を向くことだという混乱、それが石破の不気味さに通じています。この倒錯は石破の感覚のみで説明できることではないのです。

例えば、同性婚の擁護について、石破は次のように論じています。

「同性婚については、これは好き嫌いや、政治的な右・左の立場によるべきものではありません。ひとえに憲法が保障する、戦後日本がそれこそ国の根幹として最も重要視する基本的人権の尊重、その観点からのみ考えるべきものです」(前掲書)

石破が最も腑に落ちる論考と評する江藤が尊重していた、「異なるものを拒絶する保守の感覚」はどこにいったのでしょうか。

石破が唯一の論拠として掲げているのは日本国憲法です。江藤淳が「一九四六年憲法」と呼び、蛇蝎《だかつ》の如く忌《い》み嫌った日本国憲法を論拠にしながら、同時に江藤淳の感覚としての保守の重要性を説く。ここに大いなる矛盾があると、私は考えます。その感覚が保守から懸け離れていると言わざるを得ないのです。

江藤であるならば、理路整然と説くでしょう。ＧＨＱが戦後日本に押し付けたイデオロギーの経典、それこそが日本国憲法にほかならないのだと。

石破は自分自身がイデオロギーに囚われていないと考えているのでしょう。寛容な精神を有しているだけだと自認してもいるのでしょう。だが、我が国に他国から強要されたイデオロギー、日本国憲法に対する違和感を有していないこと。これこそが彼が保守ではなく、似非《えせ》保守の所以《ゆえん》なのです。

無論、保守はすべての変化を拒むものではありません。しかしながら、「異物がきたらまず追い返す」という感覚を重視するものなのです。エドマンド・バークはこれを「偏見の擁護」と呼んでいました。

石破には保守の感覚が決定的に欠けているのです。


（『月刊ＷＩＬＬ』２０２４年11月号）

【第３講】 高市早苗で真っ当な歴史を取り戻せ

自民党「腐敗」の本質

自民党は腐っています。根底から腐りきっています。一般庶民であれば「脱税」として厳しく処罰される行為が、国会議員によってなされていた。簡単に言えば、裏金づくりが行われてきました。「政治資金規正法を厳格化せよ」という国民の怒りの声は至極真っ当です。イデオロギーの左右を問わず、自民党の腐敗に、多くの国民は憤《いきどお》っています。

政治資金規正法の問題だけではありません。腐敗の元凶はほかにもあります。

多くの庶民は相続税の問題に頭を悩ませます。考えてみれば、相続税とは恐ろしい制度です。生前、税金を納めなかった人間が罰せられるのは当然ですが、相続税とは、税金を納め続けた人間が、死んだことを理由に課税されてしまう。国民の常識からすれば、葬式には香典を持っていくのが当然でしょう。しかしそれは、あくまで個人の意志によります。だが、相続税は、死んだから金をよこせと行政が堂々と叫び、無視したら処罰される制度なのです。「理不尽だ」と思いながらも、「悪法も法」ですから、国民は従うしかありません。

しかし、政治家だけは違います。政治資金団体を作り、そこに財を投じておけば、非課税で後継者に相続させることが可能になるのです。こうして世襲議員が誕生してしまう。

もちろん私は、世襲議員のすべてを否定するわけではありません。世襲議員の中にも優秀な政治家はいます。しかしながら、政治制度として無能な世襲議員でも国会議員になれるという仕組みは正すべきではないでしょうか。国民も私も、世襲議員が圧倒的に有利になる政治制度そのものの変革を望んでいるのです。

例えば、奈良三区を見てみましょう。自民党選出の田野瀬太道《たのせたいどう》という二世政治家がいます。コロナ禍において国民に自粛を求めながら、自分は銀座で遊び歩き「銀座三兄弟」と揶揄《やゆ》された一人です。自民党を離党したものの、無所属で当選後、自民党に復党しました。「腐敗」という言葉が存在するならば、これほど腐敗した政治家はいません。そんな政治家を自民党は擁護し続けているのです。私は実際に会ったこともありますが、政治家として何をしたいのかがよくわからない人物です。理念もなければ理想もなく、夜な夜な銀座で飲んでいたいぐらいの男でしょう。父親が衆議院議員でなければ、政治家を志すこともなかった類の人物です。こういう人物を政治家にしてしまう選挙制度設計そのものが間違っています。

腐った林檎と猛毒サリン

議会制民主主義の国家であるならば、こうした腐敗は政権交代によって正されます。腐りきった与党に鉄槌《てっつい》を下し、野党が政権を獲得するのが「憲政の常道」というものでしょう。しかし我が国では、それが機能していません。野党があまりに愚かだからです。

与党は驚くほど腐敗し、野党は目を覆《おお》いたくなるほど愚昧《ぐまい》……これが我が国の現状なのです。いまだに集団的自衛権の限定的な行使を違憲であると主張する立憲民主党。党員が党首を選ぶという至極真っ当な主張が排除される日本共産党。彼らに政権を任せようとしない日本国民の選択は、紛れもなく正しいはずです。

いま我々は究極の選択を迫られています。

あなたの前にマフィアが現れたと想定しましょう。「どちらかを必ず口にしろ」と命令されました。一つは、吐き気を催すほどの異臭を放つ林檎《りんご》。誰も食べたくありません。眼を背けたくなるほど醜悪で腐りきっていて、よく見れば、蛆《うじ》も湧いています。もう一つは猛毒のサリンです。かつてオウム真理教が国家の転覆を狙って散布したあの薬物です。

腐った林檎かサリン。

どちらかを口にしろと脅迫されたとき、多くの人は腐りきった林檎を選ぶでしょう。それがいまの日本の現状です。腐りきった林檎など食べたくないですが、サリンを飲んで命を落とすわけにはいきません。泣きの涙で自民党を支持しているというのが日本の悲劇です。

自民党の腐敗は金銭の問題だけではありません。思想的にもいかがわしく、もはや狂っているといっても差し支えないほどです。保守政党の看板を掲げながら、「LGBT理解増進法」などという一般国民の常識からかけ離れた法を制定しました。

このとき、安倍派（清和研）は良識ある国民の期待を裏切ったのです。「よもや自民党がこのような法律を制定するはずがあるまい。安倍派が必死に、この愚昧な法の制定を押しとどめてくれるだろう」という心ある国民の声を裏切ったのは誰だったでしょうか。萩生田光一政調会長をはじめとする安倍派の政治家でした。そのとき彼らは良識ある国民の声を無視し、裏金づくりに勤《いそ》しんでいたのです。思想信条以前に、金が欲しい。それが自民党の政治家の姿だったというわけです。端的に言って、卑しい！

第二の河野談話

少し前にも、思想的に堕落した自民党を象徴する出来事がありました。岸田前総理が「共生社会と人権に関するシンポジウム」（2024年2月3日）に送ったビデオメッセージがあまりに自虐的な内容であるため、批判が殺到したのです。「第二の河野談話」といってもいいくらいです。

「残念ながら、我が国においては、雇用や入居などの場面やインターネット上において、外国人、障害のある人、アイヌの人々、性的マイノリティの人々などが不当な差別を受ける事案を耳にすることも少なくありません」

「聞く力」を持つと自負していた岸田前総理ですが、実際の差別の場面を目撃したわけでも、確認したわけでもないはずです。その耳に〝差別の現状〟を報告しているのは、いったい誰なのでしょうか。この発言を聞けば、我が国は不当な差別が横行している暗黒国家のような誤解を受けてしまいます。

もちろん「差別がまったく存在しない」などと主張するつもりはありません。しかし、一国の総理大臣が「我が国においては」と強調している点が気にかかります。例えば、中国におけるウイグルやチベットの人々の現状、イスラム諸国における性的マイノリティが置かれた立場、その他各国における外国人に対する取扱いなどと比べると、我が国の人権状況がことさらに異常であると騒ぎ立てる根拠など存在しないはずです。

岸田前総理は、こうも発言しています。

「近年、外国にルーツを有する人々が、特定の民族や国籍等に属していることを理由として不当な差別的言動を受ける事案や、偏見等により放火や名誉毀損等の犯罪被害にまで遭う事案が発生しており、『次は自分が被害に遭うのではないか』と、日々、恐怖を感じながら生活することを余儀なくされている方々もおられます」

岸田前総理に問いたい。

自らの政治信条が右派であるために迫害されている学者が、我が国には厳然と存在します。「リベラルにあらずんば、人にあらず」とのアカデミズムの異様な保守派排除について、あなたはいかにお考えなのでしょうか。岸田前総理が真に守らなければならないのは「外国にルーツを有する人々」だけなのでしょうか。あなたが認識している差別がすべてではありません。左派による右派に対する迫害。こうした事例も差別として認定し、その是正に取り組むべきではないでしょうか。右派への人権についてはなぜ語らないのでしょうか。結局のところ、差別の現状などまるで認識していないと言わざるを得ません。

安倍晋三への怨念

こうした自民党の思想的堕落の背景に何があるのでしょうか。杉田水脈衆院議員をめぐるメディアの報道を観察すると、その正体が浮かび上がってきます。

杉田議員はＬＧＢＴをめぐり、「生産性がない」などと雑誌に寄稿して物議を醸しました。たしかに、粗雑で誤解を招きかねない表現でしたが、彼女の主張自体は、国民の常識から乖離《かいり》していたわけではありません。しかし、こうした杉田議員に対して、左派のマスメディアが醜悪なほど露骨に、名指しの批判を繰り返したのです。以下は朝日新聞の社説からの抜粋です。

「議員を続ける資格はないと言うほかない」「いったんは杉田氏を政務官に起用した、岸田首相の人権感覚もまた問われている」（２０２３年９月23日）

「差別はあってはならない。そう言いながら差別に居直る発言を繰り返し、他者をあおっている国会議員が、放置され続けている。とうに個人の資質の問題ではない。岸田首相や自民党は、差別扇動者と決別する意志を示すべきだ」「研修中にエッフェル塔前で写真を撮り投稿した松川るい参院議員は党内で注意された。それなのになぜ、市民の尊厳を平気で踏みにじり続ける杉田氏は問題にしないのか」「足元を省みない首相の言葉は空疎に響く。杉田氏への問責決議の検討など、国会にもやるべきことがあるだろう」(23年11月22日)

「性的少数者を差別したり、ジェンダー平等を否定したり、人権感覚が疑われる言動を繰り返す人物を、なぜ政府の職に就けたのか。『多様性の尊重』は口先だけで、差別を容認していると批判されても仕方あるまい。岸田首相の責任を厳しく問う」(22年8月19日)

朝日新聞の社説で、ここまで個人攻撃を受ける杉田議員はむしろ立派だと思います。逆説的ですが、朝日新聞に個人攻撃されたという事実は、心ある日本国民からの「頑張れ！」というエールと受け取るべきでしょう。かつて朝日新聞が讃えたポル・ポトは虐殺者でしたし、「地上の楽園」と賛美した北朝鮮はこの世の地獄だったのですから。その意味では、朝日新聞に差別扇動者と罵《ののし》られた杉田議員は、愛国者そのものと言ってもよいくらいです。

芥川龍之介はこう書きました。

「誰よりも民衆を愛した君は、誰よりも民衆を軽蔑した君だ」

芥川を模倣すれば、こう言えるはずです。

「誰よりも朝日新聞に攻撃された君は、誰よりも日本を愛した君だ」

杉田議員はなぜ、ここまで攻撃されるのでしょうか。朝日新聞はその答えを赤裸々に吐露しています。社説で次のように叙述しているのです。

「こうした価値観の持ち主と知ったうえで、自民党に引き込んだのが安倍元首相やその側近だ。衆院選の比例中国ブロックの名簿で優遇され、当選を重ねた。杉田氏の処遇で、党内外の保守層にアピールもできるという読みがあったのだとしたら、見当違いである」（22年8月19日）

見当違いなのは朝日新聞のほうです。過剰な杉田批判は煎じ詰めれば、過剰な安倍批判なのです。「安倍憎し」の思いが「杉田憎し」へと移っているわけです。それだけの話です。

自民党がいま突き付けられているのは、実に簡潔な問いです。安倍晋三なき後、安倍的なるものを徹底的に排除せよという左派の主張に屈するか否か、そこが問われているのです。そして、岸田政権と自民党は揺らぎ、石破茂という総裁を誕生させました。

保守主義とは無縁の政党

多くの人は自由民主党を保守政党だと思っています。あるいは、そう信じ込んでいます。だが冷静に分析してみると、自民党が保守政党だと誇れた時代はごくわずかな期間でしかないのです。端的に言えば、安倍晋三という不世出の指導者が存在したとき、自民党は保守政党だったということです。それ以前の自民党は、聞くも哀れ、語るも哀れ、見るも無残な政党といった惨状でした。河野洋平、加藤紘一、野中広務、古賀誠……こういった面々が自民党の主流派として跋扈《ばっこ》していました。そこで、あまりに醜悪な古賀の発言を引用しておくことにします。

「戦後七四年、わが国は一度として、まだ他国との戦火を交えたことはありません。平和の国として不戦を貫くことができています。これは憲法九条の力であり、だからこそ憲法九条は世界遺産なのです。これはどんなことがあっても次の世代につないでいかねばならない、われわれの世代だけのものであってはいけないと思っています」

「私は最初に国会に出るときから、憲法九条を守ろうという立場でした。それだけを言おうと思って国会に出てきたといっても過言ではありません。憲法九条を私は守り抜くのだ、それを貫くのが私の使命だ、それが政治家として一番大事な志だとして、私は国会に来たわけです」（古賀誠『憲法九条は世界遺産』かもがわ出版）

社民党の福島瑞穂氏による発言だと思ってしまいます。しかし、福島の発言ではありません。自民党の幹事長を務めた古賀誠の発言なのです。自主憲法の制定を掲げる自民党の国会議員でありながら、憲法9条に対する信仰心を露骨に口にしてます。

端的に言えば、自民党は保守政党を標榜《ひょうぼう》しながら、保守主義とは無縁の政党であり、時には、左に傾きすぎている政党ですらあったのです。

カネと権力だけが友達

ここまで左傾化していた自由民主党とは、いったい何だったのでしょうか。簡単な話です。アンパンマンは「愛と勇気だけが友達さ」と言いますが「金と権力だけが友達」というのが自由民主党の本質です。

さらに掘り下げると、「権力から金が生まれる」と信じていた党です。ですから、権力に対する異常な執着があります。毛沢東は、「政権は銃口から生まれる」と説いてきました。露骨なリアリズムと言ってよいでしょう。自民党は「金は権力から生まれる」と信じ込んできました。理念や理想を欠いた拝金集団、それが自民党の本性だったのです。

そんな自民党が本性を露わにした瞬間があります。水と油と例えられた自民党と社会党が手を結んだ瞬間にほかなりません。自衛隊の存在を否定し、日米同盟の意義すら否定してきた社会党の村山富市を総理大臣に迎え、政権奪還を実現したのです。権力を掌握するためならば、理念も理想も不要であると表明した瞬間でしょう。

若き日の私は、次のような政治家の叙述に目を疑ったことがあります。ここまで羞恥心もなく権力至上主義を告白できる神経がわからなかったのです。自社さ政権誕生によって、自民党が権力を奪還した瞬間を綴《つづ》った興味深い文章です。

「社会党の委員長を自民党が首班指名することになろうとは、誰が考えたであろうか。拘《こう》泥《でい》する思いを振り切ったのは、一日も早い政権復帰を願う、噴き上がるような自民党議員の願いだった」（小里貞利『秘録・永田町』講談社）

露骨な自民党議員の権力至上主義を告白した著作に、若き日の私は次のように感想を綴りました。青年の憤りを率直に表現しているものと自負しています。

「いかに自民党が堕落した政党であるかを自民党の代議士が赤裸々に綴った本。しかも、懺悔や後悔が書かれているのではなく、淡々と政権獲得への道が書かれている。罪の意識に苛《さいな》まれ、告白した本ではない。政策や理念をかなぐり捨て、政権獲得を至上命題に動いていたことが何の反省もなしに赤裸々に綴られているのだ」

「守るもの」と「変えるもの」

そんな自民党を変えなくてはならない。保守政党にしなければならない。一途なまでにその信念で動いてきた政治家、それが安倍晋三でした。

私はかねてより、「日本の前途と歴史教育を考える若手議員の会」の存在に注目してきました。代表は中川昭一、事務局長は安倍晋三でした。彼らこそが、自民党に巣くう左翼勢力を一掃し、本格的な保守政党にしようと願った政治家だったのです。

近代国民国家において、最も重要なのは歴史教育です。我が国の来歴を、我がこととして真剣に感じることができます。その国民の姿勢を培うのが歴史教育です。例えば1789年にフランス革命が起きたのは事実ですが、こうした事件の名称や、年号を覚えることに深い意味はありません。

最も大切なのは、「日本国民としての私」という自覚を養うことです。我が国の為に身を捧げた先人の決断に涙をもって応えられる。そうした教育こそが国民教育というものです。窮地に陥った祖国を救おうと願った特攻隊の青年の熱誠に正面から向き合う覚悟を持つこと。これが歴史教育のあるべき姿勢なのです。

歴史教育について、若き日の安倍晋三は次のように語っています。

「私は、小中学校の歴史教育のあるべき姿は、自身が生まれた郷土と国家に、その文化と歴史に、共感と健全な自負を持てるということだと思います。日本の前途を託す若者への歴史教育は、作られた、ねじ曲げられた逸聞を教える教育であってはならないという信念から、今後の活動に尽力してゆきたいと決意致します」（日本の前途と歴史教育を考える若手議員の会『歴史教科書への疑問』展転社）

歴史教育こそが国民国家の要であることを安倍晋三は理解していました。だからこそ、安倍は腐りきった自民党を立て直そうと尽力してきたのです。志半ばで非業の最期を遂げた安倍の殉国の思いを、我々は決して忘れてはなりません。

そして、憂国の志を抱いた安倍の同志こそ、中川昭一でした。中川は保守主義とは何かについて、極めてまじめに研究した政治家でした。彼の結論は次の通りです。

「真の保守主義は『守るべきもの』と『変えるべきもの』をしっかり認識し、バランスを取りながら『守るべきもの』はしっかり守り、『変えていくもの』は変える。さらに言えば、『守るべきもの』にしても単に『いい部分』を残すのではなく、さらに生き生きとしたものに進化させていく。十八世紀イギリスの政治家エドマンド・バークの言葉にある『保守するための改革』だ。したがって、常に改革と改善に取り組むことこそが『保守』の姿勢である」（中川昭一『飛翔する日本』講談社インターナショナル）

保守主義とは何かを極めて簡潔に言い表した言葉と言えます。彼もまた歴史教育の重要性について認識していました。中川は歴史教育について、次のように論じています。

「歴史教育では、日本の子どもたちのための教科書をつくるのは当たり前のことだ。自国の視点がなく、『いったい、どこの国の教科書か』と思うようなものが存在する。これでは日本人としての誇りも、自覚も生まれないのは当然だろう。日本の教科書の内容は近隣諸国に配慮しなければならないという近隣諸国条項という規制は廃止すべきである」(『飛翔する日本』)

中川昭一が首相の座に就く日を見たかったというのが、私の率直な思いです。しかしいまや、中川昭一も安倍晋三もいません。そんな現状な中で一縷《いちる》の望みを託すとすれば、高市早苗以外にはあり得ません。彼女もまた、「日本の前途と歴史教育を考える若手議員の会」に参加した政治家の一人でした。その当時、幹事長代理という要職に就いていました。

「高市総理」しか本来の道はない

高市早苗は派閥に属していません。それゆえに、総裁選では圧倒的な不利を強いられるとされてきました。だが、政治とは実に難しい。情勢が一変しました。自民党の裏金づくりに勤《いそ》しんできた政治家たちが次々と失脚する中、無派閥である高市早苗こそ、自民党の指導者に相応しいとの声が澎湃《ほうはい》と湧き上がってきたのです。

高市はなぜ「日本の前途と歴史教育を考える若手議員の会」に参加していたのか。自ら説明しています。

「会の設立に参加した理由は、日本の前途への言いようのない危機感を覚え始めていたからだ。リベラルな政治家や一部マスコミによって宣伝される『社会の空気』なるものが、政治の判断に多大な影響を与え、時には国益を損ない、日本の主権や名誉を侵される状況を作り出しているのではないか、との恐怖心を抱いていたのだ」(『歴史教科書への疑問』)

いかがわしいマスメディアに対するまっとうな感覚と言えましょう。我が国の存亡に興味を抱かずに、浅薄な左翼イデオロギーを優先させる。いったい、どこの国のメディアなのかと目を疑いたくなる報道が満ち満ちているのです。

彼女もまた、歴史教育の重要性について論じています。

「平成九年四月より使用されている社会科教科書の記述は、あまりにも屈辱的・自虐的であり、これを教材として使い成長していく若者たちが、日本人として愛国心も誇りも持ち得なくなってしまうのは自明の理である。日本の罪ばかりが強調される一方、祖国の発展に活躍した偉人の紹介は少なくなっている」(『歴史教科書への疑問』)

祖国を守り抜いた先人への敬意を欠き、事実とは思えぬ先人の悪行を強調し、指弾する。これは国家の教育ではなく、左翼による洗脳工作でしかありません。健全な愛国心を育むどころの話ではなく、子供たちが祖国を呪詛《じゅそ》するように嗾《けしか》けられているのです。呪いの使嗾《そう》は教育ではありません。

中川昭一、安倍晋三は「金と権力だけが友達」の自民党を変革し、我が国を蝕《むしば》む左翼勢力と全力で闘う気概をもった保守政治家でした。

中川、安倍両氏なき自民党は、再び左翼への道を歩まんとしています。これでは国が滅びます。狂瀾《きょうらん》を既倒《きとう》に廻《めぐ》らす（傾きかけた態勢を元の状態にもどす）政治家を日本国民が望んでいます。高市早苗総理の誕生を心から願った次第です。

高市早苗、中国に負けるな！

高市早苗は総裁選に当たって、「総理になったら靖國に公式参拝するのか？」と問われ、躊躇することなく「行きます」と答えています。

そんな折、中国・深圳の日本人学校の児童が刺殺される事件が起きました。河野太郎はこれについて「ネトウヨなんかがピーピーいっているけれど、抗議しても仕方ない」といった趣旨の発言をしていました。

とんでもないことです。自国民が殺害され、しかもただの金品狙いであったり、恨みや遺恨があってのものではなく、「日本人だから」という理由だけで狙われたヘイトクライムなのです。事件は柳条湖事件が勃発した日におこりました。１９３１年9月18日、満洲（現在の中国東北部）の柳条湖付近で、関東軍が南満洲鉄道（満鉄）の線路を爆破した事件ですが、犯人はこの日に焦点を当てて「日本人だったら誰でもいい」と小学生児童を狙ったとされます。そして、たまたま幼い命が犠牲になりました。こんな愚劣で恐ろしい犯罪に対して、抗議することがいけないのか。バカも休み休み言え！

「だから河野太郎はダメなんだ」と思っていたところ、またとんでもない事件が起こりました。ＢＳフジに「プライムニュース」という、比較的まともな番組だと思える番組があります。しかし、そこに中国出身の東大大学院准教授が出演し、高市早苗の靖國神社公式参拝の姿勢を批判し、日中関係への影響が大きいと述べたのです。

「壊滅的なダメージですね。歴史問題は日本にとっていわば一番の負け戦。何をどうやってもアメリカからも支持されませんし、アジアからも支持されません。日本国内の右翼の支持以外に何も得られない。また中国国内の対日感情は全体的な傾向としては回復傾向なのに、それはもう完全に雲散しますよね」

「幸い、現在の日中関係は良好だけれど、侵略者を神と奉っているところに日本の総理大臣が参拝するというのは、自分は何も反省していないと表現するのも同じ」であり、「でも靖國神社を参拝すれば、またフォーカスが歴史認識問題に集まるので、百害あって一利なし」というのです。

バカも休み休み言え！

「中国国民の対日感情」というのは、そもそも中国共産党の反日教育が原因ではないですか。中国共産党は選挙で国民に選ばれた存在ではありません。民主的な手続きを経ていないのに権力を掌握しているのは「自分たちはあんな悪い軍国日本と戦ったのだ」との点を拠り所にしているからです。その正統性を担保するために、折に触れて靖國参拝問題を持ち出すというわけです。

「中国の対日感情は回復傾向」などというのも、二重の意味で腹が立ちます。

一つ目は「自分たちで関係をぶっ壊しておいて、回復もへったくれもあるか！」ということです。「回復をしたければ、そちらが直ちに反日教育をやめろ」と言いたい。つまるところ「中国はせっかく日本と仲良くしようといっているのに、中国人に喧嘩を売るんかい！」という言い方が嘘だということです。

しかし、私は、「許せないあなたに許してもらう必要などない」と思っています。祖国のために散華した英霊を、一国の総理大臣が参拝して何が悪いのでしょうか。これをとやかく言われる筋合いはないはずです。

はっきりいって内政干渉です。良くも悪くも、靖國神社は一般の宗教法人でしかありません。法的には創価学会などと同じ扱いで、日本は政教分離を原則としているので、日本政府は靖國神社に命令することはできない。それなのに外国である中国が命令してくること自体がおかしいのです。

例えば、中国共産党が、日本の公明党代表に対して、「支持母体の創価学会に出入りするな」と命令したら、信者たちは内政干渉だと怒り狂うでしょう。日本には信教の自由があるのです。したがって、事情をよく知らない中国がくちばしを挟むものではありません。

「虐殺者を崇め、奉っている」のは中国の方ではないか！

もう一つは、「侵略者を祀ることはけしからん」というのなら、「自分の胸に手を当てて聞いてみろ」と申し上げたい。例えば毛沢東が自国民をどれだけ殺害しましたか？　チベット、モンゴルで何をしましたか？　そしていまでもウイグルで何をしていますか？

中国共産党は、このような虐殺者を崇め奉っているではありませんか。何かおかしいとは思いませんか？

私は、この東大准教授がどんな人なのか知りませんが、この人は中国政府の息のかかった人でないかどうか、まさに「セキュリティ・クリアランス」の見地から調べて見るべきでしょう。

習近平は香港の自由と民主主義を粉々にしました。私は現地に行ってみることもできませんが、その人たちの悲惨な証言を読んでいる限りでは、ウイグルでは中国共産党万歳、習近平万歳とする強制的な洗脳教育が進んでいます。中国のプロパガンダを垂れ流す人物を堂々とテレビに出演させ、一方的な意見を披露させるなど、ＢＳフジは不見識です。

高市早苗は、こんな声に負けず、堂々と靖國神社参拝を続ければよい。残念ながら、今回は総理の座を逃しましたが、捲土重来、高市が日本を正しく導いていく日は、必ずやってきます。

（『月刊ＷＩＬＬ』２０２４年４月号および岩田温チャンネル24年９月26日）

【第4講】「ピエロ進次郎」というメガリスク

討論会に現れた道化師

議論すれば議論するだけ愚かさが露呈してしまう。それが小泉進次郎という政治家の特徴ですね。正確に言えば、誰とも議論が成立していない。質問に意味不明な応答を繰り返し、自分だけは真っ当な答えを示したと思い込んでいる痛々しい中年男性、それが小泉進次郎の本性でした。

『機動戦士ガンダム』に登場する将官、シャア・アズナブルは呟《つぶや》く。

「認めたくないものだな――自分自身の若さゆえの過《あやま》ちというものを」

小泉は政治家にしては若いですが、社会のなかでは決して若くない。彼が二十代ならば認められたのかもしれませんが、一人前の男が天下に自らの愚劣さを晒《さら》しているのですから、あまりに惨《みじ》めというべきでしょう。

9月14日、日本記者クラブ主催の自民党総裁選討論会が開かれました。9人の候補者が議論を交わしたのが第1部。第2部では企画委員からの質問に候補者らが答えました。推薦人20人を必要とする候補者が9人も立ち上がったのですから、議員票が大いに割れるのは大前提です。第1回の投票において党員・党友票が重要になってくるのは当然でしょうし、上位二人の決選投票になる可能性が極めて高いのは誰でも分かります。そうなれば、議員票の比重が圧倒的に大きくなります。事実、そうなりました。

派閥が消滅した現在、議員たちの動向は党員・党友が支持する候補者を応援せざるを得なくなります。仮に自らが推した候補が当選したとしても、来るべき総選挙で惨敗するようなことになれば、野党に転落することもあり得るからです。

そういった背景もあるため、今回の討論会は重要でした。

しかしながら、討論会では呆《あき》れた議論が散見されたのです。発言すればするほど、自身の愚昧《ぐまい》さが露見してしまう小泉進次郎が最も哀れでした。他人から嗤《わら》われるために発言しているのではないか。そう思わざるを得ないほど珍妙な応答を繰り返していたのです。

当初、報道各社の世論調査によれば、彼の人気が高いことになっていました。だが、討論会での受け答えを見る限り、他の候補者と比較してまるで中身のない人間だと思わずにはいられませんでした。

“同世代”だから何だというのか？

上川陽子が小泉に対して質問する場面がありました。

「首相になれば来年のカナダの先進7カ国首脳会議（G7サミット）で何を発信するのか」

小泉の答えは、驚くほど、とち狂っていました。

「カナダのトルドー首相が就任した年は43歳で、私は今43歳だ。トップ同士が胸襟を開き、新たな未来志向の外交を切り開いていく」

何も答えないほうがマシだったのではないでしょうか。猿の真似でもして「ウッキー」と叫んでいたほうがまだ面白かったはずです。

小泉が首相になれば、先進7カ国首脳会議のなかで最も若いリーダーとなるでしょう。百歩譲って、国際舞台で年齢を武器にできるとしましょう。しかし、今後彼らよりも年齢が若く「未来志向」のリーダーが現れたら、どう対処するのでしょうか。彼らとは話ができないとでもいうのでしょうか。もしトランプが再びアメリカ大統領に就任したら、どのように関係を構築していくのでしょうか。トランプは小泉よりはるかに高齢です。同世代の年齢でしか話が通じないのであれば、小泉はトランプとは何の意思疎通もできないことになってしまいます。

真面目に考えてみましょう。例えば「岩田温は北朝鮮の金正恩と同学年にあたる。髪型は似ていないが、体型は似ている」……だから、何なのでしょうか。外交交渉の場で、このような類似点が何か武器になるとでもいうのでしょうか？

はっきり申し上げましょう。外交の舞台で年齢は関係ありません。持ち合わせるべきは具体的な政策、理念、国家観です。そして、何よりも自らの国益のために闘う姿勢であり、先進7カ国首脳会議という大舞台で、他国を巻き込みながら発信する力こそが指導者に求められているのです。年齢云々を持ち出すこと自体が、知性の貧困を曝《さら》け出しています。

「とりあえず始めてみる」は無責任そのもの

高市早苗からの質問は次の通りでした。

「小泉氏はライドシェアの全面解禁を訴えるが、安全性は？　事故や強盗被害で責任を担う主体は？」

これも多くの人々が感じている疑問だと思います。何事かを導入する際には、心配な点をなるべく減らしておく必要があります。「とりあえず始めてみよう」という態度は政治家として余りに無責任な態度なのです。

どのような具体的な応答をするのか注視していると、性懲りもなくトンチンカンな小泉の回答が続きます。

「海外では一人で乗った客が、不安だったらずっと警備会社とつなぐサービスもある。移動手段の不足を解消するために、ライドシェアの全面解禁に取り組んでいきたい」

確かに、地方のタクシー不足は深刻です。コロナ禍で高齢のタクシー運転手の多くが退職してしまったという理由もあります。そこで、タクシーの供給不足を補うために、昨今ライドシェアの導入が検討されています。一つの方向性として検討する価値はあるでしょう。私も地方出張に行った際、タクシーを見つけられず難儀した経験があります。

ライドシェアとは、一般ドライバーが自家用車で乗客を運ぶサービスです。アメリカやカナダ、オーストラリアなどで導入されています。しかし、ライドシェアには問題点もあります。高市が疑問を抱いているように、安全性についての懸念です。

「海外では安全性を担保するため、警備会社とつなぐサービスがある」と小泉は述べました。しかし日本ではそのような仕組みが成立していないではありませんか。国民の安全性を担保したうえで、同様のサービスを運用するべきものでしょう。

しかしながら、小泉の応答は順序が逆なのです。安全性が確保できていない状態にもかかわらず、移動手段不足を解消することが優先だというのでは、本末転倒も甚だしいでしょう。安全確保の前に、なぜ、ライドシェア導入をそんなに急ぐのでしょうか。何かあってからでは遅いのです。確かにライドシェア導入によって、移動は便利になるでしょう。地方のタクシー不足も緩和されるはずですが、その便利さと引き換えに、国民の安全性が脅《おびや》かされかねないものなのです。

「リスクを考えない」リスク

今回の総裁選では、選択的夫婦別姓の可否が大きな論点となっていました。あとで詳しく述べますが、端的に言って、夫婦別姓は家族を崩壊させる破壊的制度です。

この制度が導入された場合、夫婦だけが別姓になるのではありません。確実に親子が別姓になり、兄弟が別姓になることも十分考えられるのです。家族とは夫婦二人だけではなく、子供の存在を前提とすべきです。それなのに、子供の姓がいかに決定されるのかの議論がなされず、夫婦別姓の議論のみが先行しているのが現状です。生まれてきたばかりの子供に選択の余地はなく、両親が子供にどちらかの姓を強制することになるのです。自分たちは自由だが、子供は両親の選択に隷属するべきだなどという議論は、親の横暴でしかないのは明らかです。

私は何が何でも選択的夫婦別姓に反対する立場ではありません。あらゆる不具合を検討し、それでもなお国民の大多数が選択的夫婦別姓に賛成するならば、導入もやむなしと考えています。最後まで抵抗を続けますが、あらゆるリスクを知りながら、それでも国民の大多数が望むというならば、民主主義国家の国民として、そうした選択を甘んじて受け入れます。しかし、あまりに議論が生煮えで、あえて言うならば問題点が糊塗《こと》されているのが現実です。それが、現状で選択的夫婦別姓に舵を切るのは間違っていると断言する所以《ゆえん》です。

既存の制度を抜本的に変革し、新たな制度設計をする際は、起こり得るすべてのリスクを考慮しなければならない。それが政治の責任というものです。

バカも休み休み言え！

小泉は選択的夫婦別姓について次のように語っていました。

「選択的夫婦別姓は議員でも意見が分かれる。党議拘束をかけない形で、分断を招くことなく、新しい選択肢を一人一人に用意する」

日本の政界では、党議拘束をかけることが一般的です。同じ政党にいて反党行為をした者には、何かしらの処罰が加えられます。近年では、LGBT理解増進法の決議の際、反対の意を表明した山東昭子、青山繁晴、和田政宗が処分されました。私は今でも彼らの反党行為は国益に適《かな》っていたと考えていますが、党議拘束とはこれほど大きな力を持つのです。

一般論として考えれば、党議拘束には長短があります。党議拘束をかける場合、予算や法案に対する賛否は、あらかじめ党内で決定しています。審議の前に可決か否決かの結果が予想できるのです。これでは審議が形骸化してしまうとの批判もあり得るでしょう。しかしながら、党議拘束があるからこそ、政党は強く結束し、党内で議論を徹底的に行ってきたともいえます。

他党との議論の前に一致団結しておくことは、必ずしも負の結果をもたらすものではありません。政権を安定させる要素になるからです。こうして自民党は責任政党として、数々の法案を成立させ、日本を支えてきたのです。

「選択的夫婦別姓に関する決議の際、党議拘束をかけない」というのは、それは一つの政治的立場だといってよいと思います。それにも拘らず、朝日新聞のインタビューで次のように答えているのです。

「総裁選で立場をはっきり示して議論している。仮にその政策を唱えている総裁が誕生した暁《あかつき》には、自民党一丸となって、その方針を賛同いただくことになる」

「総理・総裁の明確なメッセージは、合意形成の面でも非常に大切なことだ」

素っ頓狂とは、まさにこうした言動を表現する際に用いられる言葉ではないでしょうか。

「自民党一丸となって、その方針を賛同いただく」とするならば、夫婦別姓に関する法案の採決で党議拘束をかけるのでしょう。小泉は今回の公開討論会、総裁選立候補会見の時にも「党議拘束をかけない」と発言していました。この矛盾はどう説明するのでしょうか。

恐ろしい話ですが、小泉は「党議拘束」という概念を理解していないのかもしれない……そんな疑念が拭《ぬぐ》い去れません。夫婦別姓に驀進《ばくしん》する「保守政党」など形容矛盾も甚だしい。

バカも休み休み言え！

「憲政の常道」とは何か

小泉は衆議院の解散についても言及していました。「総理総裁に就任した直後に衆議院を解散したら、国民は何を基準に投票すればよいのか」と記者から問われ、次のように答えています。

「改革プランは明確に話している。政治とカネの問題があり、早く国民に信を問うたことを礎としての政権運営をしなければ、どんな政策も前に進まない」

小泉は総裁選の所見発表演説の際にも、自分が総理に就任すれば即解散を行うと明言していました。確かに小泉が言うように、国民の信託を受けた方が政権運営はやりやすい。改革も実行しやすい。だが、本心は別にあるのでしょう。

穿《うが》ちすぎた見方かもしれませんが、自分自身の地金が露見してしまう前に解散したほうが、自民党にとっては好都合と考えていたのでしょう。総裁が醜態を晒す前に、何としても選挙を戦いたいとの焦りがあったのです。

滑稽なことに、こんな世迷言まで吐いています。野党が早期解散を牽制した際の発言です。

「野党は解散を求めないとおかしい。新しい政権ができたら信を問うのが憲政の常道。野党にとっては政権交代するチャンスだ」

自分自身の馬鹿さ加減が露わになる前に解散したいという気持ちは理解できますが、「新しい政権ができたら信を問うのが憲政の常道」とは、どういう意味なのでしょうか。

やはり、小泉は「憲政の常道」との言葉が理解できていないとしか思えないのです。

そこで、いまや小泉の後見人として振る舞っている菅義偉はどうだっただろうか、と考える知性すら、小泉は持ち合わせていないのかもしれません。菅は安倍政権を引き継いだ直後に解散総選挙に打って出ることはしませんでした。小泉に言わせれば、菅は「憲政の常道」に反した総理大臣だったのでしょうか。

「憲政の常道」とは、憲法では明文化されていませんが、現憲法下で慣習とされている文化を指します。戦前の日本では大日本帝国憲法下の「憲政の常道」がありました。では、現憲法で「憲政の常道」というべきものは何かを真剣に考えてみると、総理大臣に就任するのは衆議院議員であるという点が挙げられます。憲法を隅から隅まで読んでみても、参議院議員が総理大臣に就任してはならないとの規定は存在しません。しかし実際に、参議院議員が総理大臣に就任すると、日本の議院内閣制は極めて歪《いびつ》なものになってしまいます。なぜなら、内閣不信任案が可決され、衆議院が解散されたとしても、総理大臣は議員のまで居続けることができるという、不思議な事態に陥るからです。

「憲政の常道」とは、誰かが無理やりにつくり出していくものではありません。長い時間を積み重ねたなかでつくり上げられていく慣習にほかならないのです。

小泉のいう「憲政の常道」とは、覚えたての小難しい言葉を使ってみたくなったという中学生のような気分で口にした、いい加減な言葉に過ぎません。「憲政の常道」の定義をしてみよと求めたくなりますが、余りに知性に欠く人物を難詰《なんきつ》するのは、気持ちのいいものではありません。「いじめ」のようにも感じるからです。結構私も優しいのです。

〝小泉総裁〟は覚醒剤のようなもの

噛めば噛むほど味わいが出てくるのがスルメだとするならば、話せば話すほど愚かさが滲《にじ》み出てくるのが小泉進次郎という人物です。

小泉は自分の立ち位置が保守なのかリベラルなのかを明確に表明していません。保守派からもリベラルからも幅広く支持を得たいのでしょう。これなら確かに多くの票が取れるかもしれません。ある意味では賢い戦略ともいえます。しかし、よく考えてみると、彼自身が保守もリベラルもわかっていないだけではないかとの疑念が残ります。

近年の自民党総裁の中で、最も選挙戦略に長けていたのが安倍晋三でした。史上最長政権を築いた安倍は稀代の名宰相です。小泉と異なり、安倍は明確な保守路線を堅持した結果、自民党の岩盤支持層は保守政権に大いなる期待を抱きました。彼らが長きにわたる安倍政権を支え続けたのです。それと正反対に、立ち位置が不明瞭な小泉を、自民党の岩盤支持層が支持するとは到底思えません。

では、自民党の基礎体力を取り戻すためには、どうすればよいのでしょうか。

悪しき岸田政権によって離れてしまった保守派の岩盤支持層の支持を取り戻すほかに道はないのです。誰が総裁になったとしても、安倍政権のような安定した体制を築くには時間を要するでしょう。しかしながら、自民党を自民党たらしめているのは、紛れもなく保守派の岩盤支持層です。しっかりとした理念や国家観を持つ人物こそが、自民党の総裁に最も相応しい。左傾化する自民党に歯止めをかけなければ、崩壊の一途を辿ることになります。

仮に小泉が総裁になっていたとして、瞬間的に国民の人気を得ることもあったでしょう。しかし、それは覚醒剤のようなものなのです。

「友人の友人がアルカーイダだ」と発言したのは元自民党衆議院議員の鳩山邦夫でしたが、私の友人の友人も覚醒剤で人生を崩壊させました。会ったことも話したこともないので、あくまで友人の話を聞く限りなのですが、覚醒剤とは使用すると一瞬だけ「覚醒」するらしいのです。頭が冴え、まるで天才になったかのような気分になるそうなのです。

しかしそれは持続することなく、その後に待っているのは地獄です。もし小泉ブームが起こったとすれば、それは自民党が覚醒剤を打ったことと同じことを意味していました。来る総選挙では勝利するかもしれませんが、次の参議院選挙では身も心もボロボロとなるでしょう。小泉の知性の欠落が白日の下に曝されるに違いなかったのです。結果的にそうならずにすんで、私は安心しました。まだ、自民党は薬物に頼っていないわけです。

その一方で、ひっそりと立憲民主党の代表選が行われ野田佳彦が新代表になりました。彼との国会での論戦は避けられません。小泉と野田の論戦の模様を予想したら、誰もが暗潰たる気持ちになったのではないでしょうか。良い悪いは別にして野田は首相経験者であり、弁舌能力も高い。経験が浅く、中身のない小泉が、野田佳彦と議論して太刀打ちできるでしょうか。質問に対して真っ当に答えられずトンチンカンな思いつきのポエムを口走る。そんな姿が容易に目に浮かびます。

そして馬鹿げた答弁を繰り返す小泉の姿に、国民は呆れたに違いありません。野党と闘える自民党を築き上げることは、小泉には到底不可能です。一言アドバイスをしましょう。馬鹿は引っ込んでいろ。

（『月刊Ｗ·ｉＬＬ』２０２４年12月号）

【第5講】河野太郎よ、国を売るな！

日本の国益の邪魔をする河野ファミリー

河野太郎の政治家ファミリーは、日本の国益を損ねる存在です。河野太郎の父・河野洋平は自民党の総裁、そして衆議院議長を務めた人物です。彼は「従軍慰安婦問題」で、韓国の言い分をそのまま認めて、日本の名誉をけがすことを世界に対して行った人物に他なりません。これが「河野談話」です。

関係省庁の役人たちが徹底的に過去の各種の資料を調べて、「慰安婦」と称する人々を日本軍が強制連行した証拠を探しました。しかし、慰安婦が本人の意思に反する形で強制的に連行されたという証拠は一切見当たらず、それを裏付ける資料はまったくなかったのです。河野洋平自身もその事実を認めています。

それにも拘わらず、河野洋平は妄想をたくましくして〝そう思われるフシもある〟という曖昧な根拠のまま、慰安婦と称する人々の主張を認め、愚か極まりない「河野談話」を発表するに至ります。これは日本を不当に貶める行為に外ならず、売国奴の所業です。絶対に許されることではありません。

その河野洋平の父親・河野一郎も決して褒められた人物ではありません。否、ひどい政治家でした。彼は太郎の祖父に当たります。自民党、そして日本政界の実力者でした。

彼は日本とソ連が1956年に国交を回復した「日ソ共同宣言」に至る交渉の大詰めで、鳩山一郎内閣の農相として北方領土問題について当時のソ連と交渉したのですが、自らソ連に出向いて「謎の提案」をしています。これがクレムリンの秘密文書開示によって明るみに出ました。

それは、日本側が「領土問題の交渉継続を明記しない」という譲歩案を自ら示すという提案です。これまで、「日本側が領土問題の交渉継続を共同宣言に明記することを一貫して主張し続けた」ということになっていましたが、このことがくつがえされたのです。

詳しい経緯を説明しましょう。当時、日本は親米主義の吉田茂に代わって鳩山一郎内閣が発足しました。鳩山内閣は〝実績〟をアピールするために、日ソ国交回復と北方四島返還を掲げ、ソ連側と交渉することになり、日本側の全権代表として河野一郎がモスクワに出向いたのです。

これまでは河野一郎は病身であった鳩山を全面的にサポートし、日ソ共同宣言にこぎつけたという話になっています。まるで美談のように語られているのです。しかし、一郎が相手のイシコフ漁業相との間で行った裏交渉のソ連側議事録がロシア政府公文書委員会現代資料保存センターで公開されていたのです。ジャーナリストの名越健郎が『クレムリン秘密文書は語る』(中公新書)で、この問題について叙述しています。そこでソ連の秘密議事録から、河野一郎が国を売る姿勢が明らかになってきました。河野一郎は、北方領土問題についてこう語っています。

「アメリカが日本に沖縄と小笠原を返還しない限り、我々も今後、択捉と国後の問題を持ち出さない。アメリカが沖縄と小笠原を返還した場合にのみ提起する。だから、協定書にその他の領土については今後の検討課題だと規定したとしても、これは日本国民に見せるための単なるポーズでしかない」

しかも一郎は、こう続けたと言います。

「アメリカが沖縄と小笠原を返還した後で日ソの領土問題を討議するという件については、貴国（ソ連）側から提案されたことにしてほしい。日本の世論にとっても、国民にとっても、そのほうが自然に映るからだ」

つまり一郎は、日本国民を騙したのです。ソ連の政治家を信用して本音は語るのに、日本国民は欺いていいというのは「いったいどこの国の政治家か！」と言いたくなります。文字通り、我が国の領土を売り、国民を欺く政治家は「売国奴」と呼ぶしかありません。日本国民を騙してまで、なぜ領土交渉でソ連に譲歩するのか、その意義も真意も不明です。思うに、単なる吉田憎しという国内政治の観点しか存在しない。ここに「国売りたもうことなかれ」と言いたくなるほどの事実があったのです。

「国民に見せるための単なるポーズ」。要するに「俺たちが日本国民を騙して話をまとめるから、そちらも了承してくれ」ということです。「一緒になって日本国民を騙そうぜ」という、驚天動地の提案をしているのが、この河野一郎という人物で、端的にいうと、「北方領土は差し上げても構いません」ということでしょう。これを「売国奴」と言わないで、他に何というべきでしょうか。

領土問題では「国交回復後に平和条約締結交渉を継続し、締結後に二島を引き渡す」と記しただけの日ソ共同宣言が調印されました。しかしソ連は約束を守ることなく、北方四島はおろか、いまだに歯舞、色丹の二島も戻っていないのは、ご承知の通りです。国交回復はできたが領土問題は棚上げで終わったため、現在に至る課題を残したと言えます。

これまでに発表されてきた日本側関係者の記録や回想は、この事実をごまかしていました。しかしロシア側は当然、日本側から譲歩案を示したことを熟知しています。ロシアは一貫して「日本との間に領土問題は存在しない」という強硬姿勢をとり、「解決済み」の態度をとっていますが、それは、この裏工作が背景にあるからだとも考えられます。河野一郎の責任です。

しかも、昭和35年の日米安保条約改定の際にも、一郎は再び国を売る選択をしています。安保改定に向けての本会議を欠席したのです。理由は縷々《るる》論じられていますが、結局、岸内閣が倒れることを期待したのだろうと思われても仕方ありません。政局のために国を売ることを憚《はばか》らない政治家、それが河野一郎でした。

占領下で結ばれた旧日米安保条約を新安保条約に改定しました。当時の岸信介首相の決断は間違いなく正しかったのです。保護国扱いされていた日本を、少しでもアメリカと対等な関係にしようというのが安保改定の趣旨だからです。

しかしこれをめぐって「安保改定」反対の声が高まり、国会はデモの渦に飲み込まれそうでした。「岸は日本をアメリカの属国にしようとしている」というのが反対派の論理です。むしろ岸は、属国のような待遇から抜けだそうとしたのです。バカも休み休み言え。安保反対の声を上げていた間抜けたちがのちの日本を腐らせていきます。論理など何もない。なんとなく、気分でバカげたことを叫んでいたのです。

しかし、高まる反対運動の波を前に、岸内閣はいまにも倒れそうでした。そして一郎は、この機に乗じて岸内閣を倒し、自分がとって代わろうとしたのではないかとも推測されます。大局観を持てない政治家なのです。

一郎は、日本の安全保障という重大事よりも、政局を重視したということです。安全保障を政争の具にするとは、なんたる愚かしさと、断罪せざるを得ません。そして一郎は、この決断によって政局も見誤りました。国を売る売国奴であり、政局を見誤る愚か者……それが河野一郎という人物なのです。

河野一郎は総理大臣になれませんでしたが、もしなっていたら、日本は滅びていたかもしれないのです。

結果的に、アメリカは沖縄と小笠原を返還しました。しかしソ連は、そしてロシアは北方領土を返還していません。これにも裏話があります。当時の首相ブルガーニンがこんな言葉を発しているのです。

「日露戦争で貴国（日本）が勝ったときには、樺太も漁業の権益も奪った。今度は負けたのだから、こちらのいうことを聞くのが当たり前ではないか。それなのに日本は、ソ連側のいうことは何も聞かない。食い下がるだけ食い下がって、みんなソ連側が譲歩している。残っているのは国後、択捉の問題だけで、他はすべてあなたの言い分を聞いているのだから、問題は解決しているのと同じだ。もし国後、択捉でも譲歩すれば、私のほうは戦争に勝っても、負けたのと同じ。そんなバカなことは、国民に対してできるわけがないじゃないか」

戦争で勝ちさえすれば、何をしても構わないというのがソ連の論理です。それはいまのプーチン政権にも引き継がれています。ロシア人の根底にはこうした認識があって、「話し合いで北方領土が戻ってくる」「ロシアに譲歩しさえすればロシアはわかってくれる」などという甘い主張は幻想に過ぎないのです。

再生エネルギー問題で中国に便宜を図る河野太郎

日本の国益を考えず、自己の政治的立場を優先するのは一郎の孫、洋平の息子、河野太郎も一緒です。彼には再生エネルギー問題での疑惑があり、「中国に国を売っているのではないか」と思われるような行動を取り続けています。

いま政府は再生可能エネルギーに関する規制見直しを行っていますが、内閣府の有識者として公益財団法人自然エネルギー財団の大林ミカ事務局長という人物が入り込んでいました。この人が提出した資料の中に、中国の国営電力会社である国家電網公司のロゴマークが入っていました。つまり政府で討論する資料が、中国で作成された資料だったというわけです。

別に「中国はこういう主張をしています」と紹介するのは問題ありません。しかし、自分の資料として提出するなど言語道断です。一言で言えば剽窃《ひょうせつ》にほかなりませんし、全体主義国家中国の実態に目を向ければ、バックに中国企業、政府が付いていると勘ぐられても仕方ありません。主権国家としてあるまじき行為に手を染めた人物、こんないかがわしい人物を「有識者」として招聘するなど、問題外の行為でしょう。

大林ミカは問題発覚後、タスクフォースの民間構成員を辞任しましたが、その後、その構成員や自然エネルギー財団について、海外から不当な影響力を行使される可能性があったのかどうかや、当該の中国企業との関連については、いまだに明確になっていません。

この大林を任命したのは河野太郎デジタル相である可能性が高いと言われています。彼は記者会見で、大林ミカ事業局長を有識者として起用したことについて「特に問題がない」と述べ、大林について「非常に専門性は高いと思っている」と述べています。バカも休み休み言え！

本当に「彼女に問題はなかった」という河野太郎の言葉を鵜呑みにしていいのでしょうか。相手は中国です。中国の宣伝プロパガンダのような資料を、日本政府が客観的な資料であるかのように論じるのは、まったく論外です。全体主義国家の脅威を知らぬ、うつけ者、それが河野ファミリーの特徴と言っても過言ではありません。

今回はたまたまロゴマークに透かしが見つかったから明らかになりましたが、気づく人がいなかったら、この資料をもとに議論が進められていたかもしれないわけです。中国が作成した資料で議論が進むなど恐ろしい話です。こんな人が堂々と政府に提言することなど、あってはなりません。

林芳正官房長官は、大林ミカがタスクフォースに入った経緯について「内閣府事務方が提案した案を河野太郎規制改革担当相が了承した」と説明しましたが、内閣府の事務方というのがどんな人なのかも、また、本当なのかどうかも不明です。もしかしたら命令したのは河野で、事務方が「わかりました」となったのかもしれません。

というのは、大林本人が会見で「タスクフォース委員に就任した経緯は？」と聞かれたときに、「河野大臣から推薦があった」という趣旨の説明をしているからです。林官房長官が語った内容と違います。

その言葉通り、河野自身が任命したのだとしたら、政治家たるもの責任を取らなければいけません。百歩譲って自分が任命したのでないにしろ、河野大臣がこの案を了承しているという事実は消えないからです。大林ミカなる極めて怪しい人物の人選を了承するなど、なんという不見識と言わざるを得ないでしょう。

大林が「辞表を提出して受理された」後、「内閣府において、中国から不当な影響を受けていなかったのか、調査を行うと承知をしている」と河野大臣は語っていますが、それもおかしな話です。これは第三者委員会などで調査すべき事柄です。内閣府の人間にしても、

「自分たちが入れた人間が中国のエージェントだったかもしれない」という疑惑が深まれば、自分たちの責任問題に発展しかねません。そんな場合に、真相解明に真剣になるものでしょうか？　もみ消してしまう可能性も否定できないので、やはり第三者委員会で公平に調査すべきです。

そして、政府の各種の審議会などのメンバーについても、セキュリティクリアランスの導入を検討すべきでしょう。大林のように「有識者」と称する人々が、中国の意向のままに好き勝手なことを主張していたとするならば、それは中国のエージェントそのものです。それで国の方向が決定されるなど、国益に反すること由由しき事態です。

“単純ミス”なんて言い訳、誰が信用するか！

大林自身の記者会見の模様をもう少し詳しく見ておきます。こう語っています。

「気がつきませんでした、すみません。多くの皆様に大きな懸念を抱かせる結果となって大変申し訳なく思っております。お詫びを申し上げたい」

ロゴが入っていたことを気がつかなかったというのですが、有識者の一人として、そもそもなぜそんな資料を提出するのか、「あなたは日本と中国のどちらを向いて提言をしているんですか?」という心のあり方を私は問題にしたい。

発端は〝単純なミス〟で、「社会的な影響力が大きなミスであったことから、国会で総理や大臣や議員の先生方に質問させる事態にまで発展してしまった」というのが辞任の理由です。しかし、自然エネルギーの国家方針を決めていく会議で、中国の資料をもとに議論を進めたことがどれだけ大問題になるのかは、誰が考えてもわかるはずです。それが「ちょっとミスしてしまいました」というくらいの認識なら、科学者、いや社会人としての良識を疑わざるを得ません。「大きな誤解を受けて慚愧《ざんき》に堪えないし、あまりにも不注意だったと反省している」というのですが、「何を反省しているの?」か明らかでない。「不注意でした。申し訳ない」としか言っていないのです。

「本当に気づかなかっただけなのか?」というのが、多くの人が抱いている疑惑です。そこにこんな発言をされると、朝日新聞ではないですが「ますます疑惑が深まった」と言わざるを得ない。しかも、堂々とこんなことまで発言しています。

「今回の件は他の国の影響下にあるとか、国のエネルギー政策をゆがめているとか、そういったことは一切無縁のことだ。他国の政府や企業のデータを引用することは、発表には常にあることで、他の方もなさっている」

「常にあること」というのは自分が「いつもやっている」ということでしょう。剽窃は問題ないとでも言いたいのでしょうか。それとも中国の作成した資料を入れているのが素晴らしいことだと考えているのか、摩訶不思議《まかふしぎ》です。さらに「たまたまあったのに気がつかなかった」など、「明らかな欺瞞」と言われても申し開きできないはずです。仮に中国の資料であるなら、「中国はこうやって発表している」とか「中国の企業ではこういう発表をしている」と出所出典を明記して発表すべきものであるはずです。「中国ではこういう議論がなされているようです」と明らかにしなければならないものを、「これが事実だし、科学である」といった言い方をするのは大問題です。

また、自然エネルギー財団の大野輝之常務理事も「中国企業との関係はどうなのか？」と聞かれ、「財団と中国企業政府の金銭的、資本的、人的関係はない」と説明したものの、「金銭の授受があるかないかで言えば、中国の国家電網の人間を財団のシンポジウムに招いたことがあって、その時に講演料を支払った」と明らかにしています。

講演料を払うこと自体は、別におかしな話ではないでしょう。しかし果たして、それが対価を払ってまで傾聴に値するような話だったのかどうか……。それは問題です。

結局、中国企業との関係が明確になるまで、この財団をヒアリングの対象にしないという方向になりました。当たり前です。「もう二度と呼ぶな！」と言いたいくらいです。

仮にこの財団が中国のエージェントだったらどうするのか？

「気をつけよう！　暗い夜道と自然エネルギー財団」とのキャッチフレーズが浮かんでくるくらい、恐ろしい話です。ステッカーを作成しようかと考えました。

今回だけは国民民主党を褒めてあげたい

かたや野党の動きについてです。

こういう問題について真相究明を要求すること、国策を誤ると判断したら果敢に批判をしていくのが、野党の本来、果たすべき役割のはずです。

この問題にきちんと切り込んで厳しく批判しているのは、私が見る限りでは国民民主党の玉木代表と、それから日本維新の会の音喜多政調会長だけでした。

他の野党は自分たちのイデオロギーにとらわれて、「憲法9条を守っていれば日本は平和だ」などと脳天気なことを叫んでいるし、マスコミは本当につまらない個人的スキャンダルを大々的に報道し、野党もそれに追随しています。しかし、それ自体は犯罪ではありません。スパイと関係していたというなら問題ですが、男女の問題で国は滅びません。家族が怒るのは無理ありませんが、それは政治家の資質とは無関係です。中国の作成した資料を日本政府に自分自身の資料として提出するなど、論外でしょう。マスコミが大々的に報じなければならならないのは、こちらではないでしょうか。

玉木代表は夕刊フジのインタビューに応じて、こう語っています。

「エネルギーは国の安全保障に影響を与える重大な案件だ」

当然です。だから、ロシアに天然ガスを依存していたドイツが、ロシアから「天然ガスをストップするぞ」と脅かされたら震え上がってしまう。同じように、日本が中国と電気をシェアするという事態に陥ったら、まさしく安全保障上の大問題です。これがわからない政治家は政治家など辞めるべきでしょう。

「中国国営企業の影響を受けているのかどうか明確にしないと、今後の再生エネルギー政策のみならず、原発政策にも影響を与えかねない。セキュリティクリアランスの観点からも懸念はあり、タスクフォースの構成員の選定プロセスなどを徹底調査して明らかにしないと日本の政策決定が歪んでしまう恐れがあると強く感じた」とも、玉木氏は語っています。正論です。

国益の問題であると同時に、最近の電気料金の値上がりはすさまじく、そこには再エネの賦課金もかかっているので、太陽光発電の推進は再エネ賦課金の形で国民負担に直結します。要するに電気料金が上がるということです。電気料金が上がるということは事実上の増税です。

現代人は電気なしで生活することはできません。スマホの電源も入らないし、冷蔵庫も、暖房も冷房も使えない。パソコンも使えない。そう考えると、電気料金の値上がりは、国民生活が逼迫《ひっぱく》することに直結します。だからこそ、冷静に現実的に考える必要があるのです。

「まずは事実確認と背景調査をしっかりやっていきたい。セキュリティクリアランスに似たチェックの仕組みが必要ではないかと考える」との玉木代表の意見は、まさに正論にほかなりません。

エネルギーという国家の基本戦略に不当に外国勢力を関与させていないか、疑念を晴らす意味でも、政府として真相を解明するのが急務でしょう。

また、玉木代表は「発電比率」にも言及しています。現在、日本のエネルギーの自給率は12％程度しかありません。なぜなら、日本ではエネルギー資源が自給できないからです。乏しい化石燃料に電力のほとんどを頼っている状況は、エネルギー安全保障面からも問題でしかありません。端的に言って、原発再稼働がないと、日本のエネルギー自給率を上げることはできないのです。「したがって再エネと原発の二項対立ということでなく、再エネも原発も水力も活用して、国内で賄える電力をいかに充実させていくかを考えるべきだ」というのが玉木代表の主張です。まったく同感です。

国民民主党の玉木氏は面白い人で、時折、とんでもない正論を言ってみたり、とんでもない馬鹿げた主張をする人でもあります。しかし、何もまともなことを言えない共産党や立憲民主党の政治家よりはマシでしょう。

福島第一原発の事故もあって、原発だけが憎悪されていますが、これはナンセンスの極みです。電力が供給されないことのほうが恐ろしいのです。

再生エネルギーは電気料金を安くするという議論がありますが、これは嘘です。「地獄への道は善意で舗装されている」という表現がありますが、その本性が悪魔と知らずに天使だと思い込み、手招きされるままに行くと、地獄に一直線ということになります。「再生エネルギーでハッピー」と能天気に進むと、行き着く先は電気料金が爆上がりみたいな状況になります。

そういう日本にさせないためには、使えるものはなんでも使うことが重要です。「再エネさえあればいい」というような再エネ原理主義は、さっさと捨て去るに限ります。馬鹿者、与太者に付き合っている暇などないのです。

結論を述べると、こういう不適切な人選をした河野太郎は、日本の総理大臣には不適切であるということにつきます。我が国で再生エネルギーをやたらと推奨している人間には、中国の影が見え隠れする人物が紛れ込んでいるということです。

こう考えると、河野三代は、真に我が国のことを語るべき資格があるのか、実に疑わしいと言わざるを得ません。国益を考えず、自分たちのことしか考えない人物がいかにももっともらしく発言している。それが河野売国奴三代の正体です。

（２０２４年3月28日）

【第6講】ふざけるな！中国人スパイが自民党参院議員の外交顧問？

スパイの拠点・中国海外警察

少し前のことですが、衝撃的な事件がありました。自民党の松下新平参議院議員の外交顧問をしていた人物が、中国のスパイ容疑で逮捕されたのです。「デイリー新潮」で取り上げられました。

「警視庁公安部は2月21日、中国籍の女二人を詐欺容疑で書類送検した。実は女のうちの一人は自民党参議院議員の秘書の肩書きを持ち、参議院会館の通行証まで持っていた」

通行証とは、国会へのフリーパスです。一般の人は国会議事堂や議員会館を訪問する際に通行許可証を取らなければなりませんが、通行証があれば自由に出入りできます。それで、逮捕された中国人の女性がこれを持っていたということですが、重要なポイントは二つあります。

一つは、中国人の極めていかがわしいと思われる人物が、自民党参議院議員の外交顧問兼秘書を務めていたということです。

松下新平は、宮崎県選出の参議院四回生で、これまで党の政調副会長、外交部会長、金融部会長、総務副大臣などを歴任しています。日本の中枢にいる政治家の一人です。

週刊新潮は二人の関係について関係者の次のような証言を紹介しています。

「午後は松下事務所の外交顧問として議員と行動をともにし、議員が外務省や経産省の役人を呼びつけて行わせるレクチャーにも同席する。行政府の機密情報や立法府の重要事項が漏洩している危険性を懸念せざるを得ません」

仮に外国勢力のスパイもどきが国会議員のすぐ隣にいること、これは大問題です。たとえスパイでないとしても外国人に国家の重要な問題を簡単に教えること自体が問題でしょう。

国会議員は、自分の事務所に官僚を呼んで「この問題どうなってるのか?」と聞きます。これを「レクチャー」と言いますが、それ自体は問題ありません。国会議員が専門家である官僚から知識を得ることを否定していたら、国家の運営が成り立たないのは明白です。

しかしそこでは機微な問題も出てくることは容易に想像できます。

こんな問答があったとしましょう。エネルギー政策でも外交政策でも何でも構いません。

官僚は正直に答えます。

「議員のご指摘の件は非常に重要な問題でして、我々としても全力で取り組んでいるところではあるのですが、中国側の激しい抵抗があり、彼らもここまでは譲れないと考えているようです」

こんな話をしているときに、中国人が外交顧問として国会議員の横に鎮座している姿は、不気味以外の何ものでもありません。

この中国人女性と議員が男女の関係であったとの報道も一部ありますが、現時点では憶測にすぎません。私は基本的に国会議員の資質が男女の関係で否定されるべきものではないと考えています。家族が怒るのは理解できますが、国益を害さない限り、国民には関係のない話です。

昔、「保守合同」で自民党を設立する際に奔走した三木武吉という政治家がいました。選挙の演説会で対立候補が三木を揶揄して「妾を四人も置いている」と批判しました。現在なら相当のスキャンダルになるでしょう。しかし、ここでの三木の返答はまさに当意即妙。「四人ではなく五人だ」と自ら語り、「四と五を間違うような候補は恥ずかしい」と反撃したのです。さらに「老いた妾を捨てるような不人情なことは私にはできない」と訴え、拍手喝采されたのです。

現代では決して許されないでしょうが、古き良き時代を感じさせるエピソードです。

しかしそれが外国人女性であり、しかも中華人民共和国政府に派遣された女性であったなら、これはまったく問題が異なってきます。男女の関係に持ち込んで機密情報を得ようとするハニー・トラップの可能性が濃厚だからです。

松下の事務所に今回の事件について尋ねると、「現在、当事務所の業務に関与しておらず、通行証も対応しておりません」と回答し、一切の関わりを否定しているそうです。

世界を荒しまわる中国海外警察

今回の直接の逮捕容疑はスパイ容疑ではなく、詐欺罪です。記事にはこうあります。

「書類送検されたのは、中国籍の女二人。44歳の女の容疑は2020年、二人で共謀して、マッサージ店を整体院と偽り、国の新型コロナ対策の持続化給付金100万円をだまし取ったというもの」

つまりコロナ給付金の給付要件を満たすため、マッサージ店を整体院と偽ったということです。マッサージ店では持続化給付金は下りなかったので整体院ということにして、持続化給付金詐欺を働いたのでしょう。

しかし、単純な詐欺事件と片付けることはできません。ここで浮上してきたのが「中国海外警察」の問題です。中国は日本だけでなく、世界中で他国の領土に、自国の警察の手先機関を密かに設置しています。すでにイギリスのＢＢＣが「中国の警察サービスセンター」が設置されていると報じ、オランダやアイルランドなどは「違法だ」として非難しています。スペインの人権団体「セーフガード・ディフェンダーズ」は2022年、世界の53か国に102か所設置されていると指摘しています。

日本国内の拠点は2か所あるとされ、警視庁公安部は23年5月、そのうちの一つとみられる千代田区内のビルを捜索しました。登記で確認すると中国福建省の名を冠した一般社団法人が入っていました。この社団法人はすでに転居したそうですが、問題の核心はこの事務所が「中国海外警察拠点」ではないか、です。先ほどの「セーフガード・ディフェンダーズ」に「中国海外警察拠点」として指摘されており、警視庁も把握していたということです。

そもそも「中国警察拠点」とは一体何でしょうか?

中国が海外にわざわざ警察拠点を作っている。大使館でもなく領事館でもありません。

実は中国が海外に警察拠点を設けている理由は、反体制活動家や国外に逃亡した中国人犯罪者の監視などを行うためと指摘されています。「中国人犯罪者」とされていますが、ここでいう「犯罪者」とは、要するに政治犯です。つまり習近平体制に異を唱える反体制活動家にほかなりません。あるいはウイグル人なども対象になっているとされています。

中国の反体制活動家としては劉暁波《りゅうぎょうは》が有名です。すでにお亡くなりになりました。彼は「共産主義体制はおかしい」と考え、「体制を変えなければいけない」と、民主化を訴え続けました。ノーベル平和賞を受賞しましたが、授賞式に参加することもできなかったのです。ノーベル文学賞を受賞しながら辞退を強要されたソ連の作家・パステルナークを思わせるものがあります。

本当の凶悪犯罪者を監視しているのなら理解できないこともありませんが、自国の体制に異を唱える人間の動向を把握するための〝警察〟は問題です。

例えば日本の場合、これだけ豊かで治安のよい国でありながら、それでも「日本はおかしい」という人がいます。しかし、それを取り締まることはないし「安倍晋三は良くない！」「安倍晋三は独裁者だ！」と叫んでも罪に問われたりしないわけです。あろうことか、安倍元総理に対するテロを擁護する議論すら認められています。

でも中国はそうはいかない。自由と民主主義などという概念すらない国。そうした全体主義国家における政治犯罪は、一般的な自由民主主義社会における犯罪者と同じではないのです。

「セキュリティクリアランス制度は国家統制」という左翼の虚妄

警視庁が逮捕した44歳の中国人女性の周辺を洗う内偵捜査を進める中で、明確に浮上してきたのが今回の容疑です。だが、持続化給付金詐欺は、明確な刑事事件ですから、それで逮捕ということになります。本当の目的はそこにはないというのがおかしな話でしょう。

日本では対象となった人物がスパイであるか否かまでを調べることができます。しかしスパイ防止法がないので、それ以上踏み込むことができないのです。戦後日本の警察官僚として日本の治安維持に尽力してきた初代内閣安全保障室長の佐々淳行の著作や、国家安全保障局長をつとめた北村滋の著作を読むと、彼らがいかに切歯扼腕《せっしゃくやくわん》してきたのか、よく理解できます。スパイであると知りながら、放置するしかない、そんな状況は異常そのものではないでしょうか。諸外国ではスパイは重罪です。

2024年5月から施行された法律に「経済安全保障推進法」があります。そして今年度の通常国会で、経済安全保障上の重要情報を扱う人物の審判を国が判断するのを可能にする「セキュリティクリアランス制度」の導入が盛り込まれました。

「経済安全保障」というのはあまり聞きなれない言葉ではないでしょうか。安全保障といえば国防を真っ先に思い浮かべるのが自然です。しかし、あえて「経済安全保障」との概念が導入されました。この法律を成立させるために尽力した小林鷹之元経済安全保障担当大臣の説明がわかりやすいでしょう。彼は「我が国の独立と生存および繁栄を経済面から確保すること」と定義しています。

少し抽象的なので具体的な事例を考えてみましょう。例えば、我が国に欠かせないレアアースのような資源が中国の一手に握られてしまえば、どうなるでしょうか。我々は中国に対して毅然とした態度をとることができるでしょうか。

そうなのです。直接、国家を軍事的に侵攻しなくても、経済で相手を屈服させることは可能なのです。横暴な要求に対して毅然と対応していけるような措置をとるべきであり、それを可能とするのが「経済安全保障」なのです。

それでは、最近よく耳にする「セキュリティ・クリアランス」とは何でしょうか。いろいろと法的に難しい理屈をつけることは可能ですが、簡単に言ってしまえば、国家の重要な情報を守れる人物なのかどうかを判断し、国家機密を守れるという人にのみ、情報を共有するシステムの構築です。守れなかった場合には、国家公務員法の守秘義務違反より重い刑罰が科されます。

一言でいえば、これは機密情報を守るための法律です。情報とはそれくらい重要なものなのだという認識を欠いている我が国の穴を埋めるための法律といっても過言ではありません。

私が大学生になってから驚いたのは、先輩にキャバクラに連れて行ってもらったときのことでした。先輩といっても大先輩。私の親くらいの年配の方でした。会社の社長をされていたのですが、見ず知らずの女の子たちの前で、会社の内実についてペラペラ話しているのです。後輩の私が止めることはできませんでしたが、これが部下たちに伝わったらどうなってしまうのだろうかと、ハラハラしたことを思い出しました。抱えきれないほどの重圧があり、話して楽になりたかったのだと思いますが、さすがにこれは問題でしょう。そして私企業の問題ならまだしも、国家の問題となれば、国民の生命、財産に関わってきます。

国家にとって重要な機密を守れるのか否か。それを判別し、情報共有の相手を重視するのが「セキュリティ・クリアランス」の最重要課題なのです。

一部メディアや左翼陣営は「セキュリティクリアランス制度は国民の国家統制につなが

る」などと戯論《たわごと》を言っていますが、バカも休み休み言え。「自分が本当に好きだったのは、中学や高校時代のあの子だったんだ」などと、奥さんの前でペラペラ話す男がいかにバカなのか。人間は墓場まで持っていくべき秘密を持っている生き物なのです。「何でも話し合える関係が素晴らしい」などは、愚か者の極みです。個人であっても秘密が大切なら、国家の機密を守ることは最重要義務といっても過言ではありません。

話を戻しますが、中国人女性を外交顧問にするというセンスそのものが、おかしくないですか。マッサージ屋なのか整体店なのか、その実態はわかりませんが、ビル自体は中国の民間人が購入したのでしょう。そこに中国国家安全局、つまり中国共産党から命令されたら、従わざるを得ない人々が存在することが問題なのです。

またこれに限らず、いまは全国各地で外国人、特に中国人がリゾート地やタワーマンションを入手するケースが目立っています。情報の漏洩問題を真剣に考えてみると、これほど簡単にマンションや土地を中国人に売っていいのか、現実的な問題として対処方法を考える時期に来ています。

国家安全保障に関しては、食糧面、水源、あるいは技術流出なども含めて、総合的に対策を講じるべきです。日本では「重要土地等調査法」が制定されました。制定されないよりも、されたほうがいいのは言うまでもありません。しかし、この法律には重要な穴があります。対象とされている範囲は、国境の離島や自衛隊、米軍の基地などの周辺の土地だけなのです。これからの世界で最も重要になってくる資源である「水」を守るための水源地周辺の土地は対象とされていないのです。

日本国民の生命、財産を守るために、安全な水は欠かせません。水なしで生きていく宇宙人ならともかく、我々は水なしでは生きていられないのです。こうした法律の制定も必要です。しかし、水を欲する中国人のスパイが国会議員の周辺に存在していたらどうなるか、考えてみれば恐ろしい話ではないでしょうか。

国民一人ひとりの生活が脅かされる！

もう一つ、これは国家安全保障という大きなものではなく、身近な国民の衣食住に直結する問題です。この問題について北神圭朗衆議院議員や松井孝治京都市長とお話ししたとき、深刻な問題を知りました。例えば、京都では住宅価格が高騰して、若い人たちが自分たちが生まれ育って愛着のある京都に住めなくなり、隣県に引っ越す事態などが起き、人口流出が起きているというのです。

また、資材価格の高騰の問題もあります。北神によると、関西圏では新築マンションの価格は前年比15％ぐらいの上昇だそうです。大阪や兵庫ではそれほど伸びていないのに、これほど異常な伸び率は、やはり中国人がかなり買っている可能性が高いと、北神は指摘します。

東京はもっとひどい。タワマンが乱立している江東区はいま、全国でいちばん中国人が多い地域で、江東区だけで前年比で31％中国人が増えています。千代田区は29％です。

そこで北神は全国でどれくらい外国人が増えているのか、新築マンションを対象に分析をしたいと国交省に申し入れたところ「外国人の統計は取っていません」とのことなのだそうです。

北神は岸田前総理に「この統計を取るべきではないか？」と申し入れたら、岸田前総理は「内外の無差別の原則もあってできない」という。差別につながるかもしれないという理由です。

でも、そんなことはないはずでしょう。中国人を対象にするのではなく、外国人の統計を取るのは当たり前の話ではないですか。韓国でも、イギリスでもやっているのだから、日本でもやるべきではないかと申し入れたそうです。でもそれも「検討中」で終わりになっているとのことです。日本人が貧しくなり、外国人が豊かになる国、日本。我々が将来世代に遺すべき日本とは、このような日本でいいのでしょうか。

直ちに規制とまでいかなくても、まず調査をして、外国人の購入が住宅価格の高騰につながっているのであれば中止してしかるべきです。日本国民の「住」に直結するのですから、国民を優先すべきです。決して道徳的に外れているわけではない。国民の生活が第一なのです。

ちなみにカナダでも、中国人の投資が増えて、一般住民がバンクーバーやトロントに住めなくなっていたそうです。しかし二年ほど前に法律を作って規制しました。外国人に一切売ってはいけないという厳しいものです。

いま、それが世界の潮流なのです。多くの国が中国を嫌がっている。なぜか。彼らは自国を改善することが不可能だと思い、自国から逃げ出すことに血道を上げているからです。中国に近いと思えるようなシンガポールでも規制をしていて、外国人は一戸建ては買えず、コンドミニアムしか購入できないといいます。しかも外国人は価格の60％の印紙税を払わないといけない。もちろん、シンガポール国民は一切払わなくてよい。自国民と外国人で区別（差別ではない！）しているのです。なぜなら、国家とは自国の国民のためのものだからです。

外国人の印紙税は元々30％だったそうなのですが、なぜ60％に上がったかというと、中国人がコンドミニアムを大量に買ったために価格が高騰してしまい、シンガポール国民には手が届かなくなったからです。その結果、ホームレスが増えた。これを是正しようというのです。国家として当然の姿勢と言えましょう。

住宅価格だけではありません。東京でもホテルの宿泊料金が驚くほど値上がりしています。ただ寝るだけのカプセルホテルでも、高いときには1万5000円という話も聞きます。もっと高級なホテルは外国人ばかりで日本人はほとんど存在しない。「インバウンドは、本当に日本国民のためになっているんだろうか」と疑念が湧いてきます。

しかもより深刻なのは、中国人はいまや投資目的で買うのではなく、実際に日本に住み始めていることでしょう。中国人が日本に住むことを否定しません。しかし、彼らの忠誠心は中国に向くように法律で規制されています。全体主義国家における国民統制は侮れません。仮に「国家総動員法」が始動したとき、日本の治安は守れるのか、極めて不安に思っても、それは差別ではありません。なぜなら、中国は全体主義国家だからです。全体主義国家の国民は、政府の命令に絶対服従を強いられます。「面従腹背」などと悠長なことは言っていられないのです。

日本は超円安で大バーゲンセールと言っていい状況が続いています。我々から見たら高額の商品も、ドルベースで換算すれば、大安売りに見えるというわけです。「日本のホテルは安い！」などと日本人は言えませんが、外国人からみれば実際に安いのが現実なのです。物価は安くて暮らしやすいし、治安も医療も充実、場合によっては生活保護ももらえます。「日本サイコー！」なのです。

しかも、日本には何の規制もない。そこで雲霞《うんか》の如く入り込んでくるのです。

私は中国人ひとり一人には同情します。しかし気の毒だけれど、彼らは、中国共産党の潜在的工作員になる可能性があるのです。だからこそ、しっかりした移民管理、特に中国人に対しては厳しくやらないといけないのです。

何度でも繰り返しますが、私は中国人が嫌いだとか、そうした次元で物事を語っておりません。全体主義国家の国民の哀しみについて語っているのです。

「経営・管理ビザ」という抜け道

いまの日本は人口減少問題を抱えて、労働生産年齢人口の減少で人手不足が深刻化し、経済の足かせになっています。そこで労働力の担い手として外国人をどんどん入れようというのが経済界の要望です。

しかし、短期的な視点だけでものを見ていると、必ず将来に禍根を残します。例えば「経営・管理ビザ」というものを取得すれば、家族帯同で日本に住めるわけです。「経営・管理ビザ」は日本で貿易、その他の事業の経営や当該事業の管理に従事する活動を行うための在留資格のことで、就労ビザの一つです。これを取得して、長くても10年住んだら永住権がもらえます。

永住権は「日本国民と同じような権利を持つ」ということと同じです。すると犯罪歴を調べることなどが必要になります。あるいは「中国からはどのぐらいの割合まで入れたらいいのか」とか、国別の数の調整なども必要になってきます。人口のほとんどが元・中国人ということになって、果たして日本と呼べるのか、真剣に議論しなければならないでしょう。

ところが政府は、「いや、移民を増やすことなんて考えていません」などと言い続けています。端的に言えば、「移民容認」などと主張すれば選挙に負けてしまうからです。「移民」とは呼ばないが、実質的な移民を呼び込もうとしているのがいまの日本なのです。

私はかねてから、移民は「人権」の観点から安易に呼び込まないほうがよいとの立場です。経済界は安価な労働力として移民を入れようとする。日本国民がしたがらない仕事に安く従事してくれるとの観点です。しかし、これは人権軽視も甚だしい発想です。

本来ならば、賃金を上げるなどして、日本の若者が取り組むべき仕事なのです。しかし、賃金は上げたくない、だから日本人は仕事をしてくれない。それでは外国人にまかせてしまえなどというのは、外国人の人権を蔑視した議論にほかなりません。賃金を上げ、労働条件を整えるのが経営者の当たり前の判断でしょう。そうした努力をせずに、「厳しく、辛い仕事は安く外国人に」などという経営者の発想はトチ狂っています。

日本は一刻も早くスパイ防止法を制定せよ!

もう一つ気がかりなのは、日本ではスパイに対する警戒心があまりに希薄なことです。

私もやはり日本国民の一人として、この問題はしっかりと対処すべきと考えています。私は以前から、スパイは軍隊と同じぐらい重要だというふうに考えてきました。

というのも、日本ではスパイというと映画の中の話になっていて、「００７」とかＣＩＡなんて、おもしろおかしく脚色した世界のように思われています。

でも、現実にスパイはいるのです。有名なスパイでは、ソ連時代のＫＧＢのレフチェンコという人がいます。アメリカに亡命しましたが、彼が回顧録を出しています。この中には恐ろしいことが記されているのです。

ある時、レフチェンコに見せるための手書きの日本語の厚い書類が机の上に置いてありました。日本側の重要機密で、それを日本人エージェントが提供してくれたというのです。日本の首相が読んでからたったの１日、２日のうちに、今度はソ連のスパイがその資料を読めるのです。

つまり、日本の要人が読むような重要なレポートです。それほど重要なものが、時間が経たないうちに、日本人のエージェントによって他国のスパイに届けられて、それを本国に送ることができるというのです。それは決して特別なことではないと記されています。

当時、日本は世界第二位の経済大国でしたが、各国の間では、機密情報が取り放題で日本は大丈夫？　というのが常識になっていました。他の国ではスパイ活動には危険が伴うが、日本だけは大丈夫だからとＫＧＢから教わったなどと日本を小馬鹿にした話が書いてある。しかし小馬鹿にされても仕方ない状況を作っているのが日本なのです。本当に日本は「スパイ天国」なのです。

そんなことを考えると、私は日本に「スパイ防止法」がないのは馬鹿げていると思います。防諜法、つまりスパイ防止法がなければ、日本は自国の民主主義を憲法で守ることができず、スパイを公然と呼び寄せることになってしまうはずです。

この本が出たのは１９８４年10月ですから、40年も前です。この当時から「日本はこんなにガードが甘くていいの？」と言われ続けていたのに、ろくな手段を講じてこなかった。いまようやく経済安全保障の一環として「クリアランス制度」（「重要経済安保情報の保護及び活用に関する法律」）が公布されましたが、「これまで何をやっていたの！」というのが正直なところではないでしょうか。

（２０２４年２月24日）

第2章

国民目線に立てない ダメ野党の競演！

【第7項】 立憲民主党・野田代表誕生は自民党の脅威？

世襲議員でないからできた「ドジョウの演説」

自民党総裁選の陰で、ひっそりと立憲民主党の代表選がありました。私は、おそらく野田佳彦になるだろうと予想していましたが、その通りになりました。

そしてこれが、自民党総裁選にも大きな影響を与えると感じました。総裁選でも相当ボロが出ましたが、例えば、小泉進次郎が総裁に選ばれるということになった場合、野田代表との党首討論に耐えられるか、まともな議論ができるのか、誰もが心配になるからです。自民党にとって、相当手強い相手になりそうだからこそ、小泉に入れたくない議員が増えたのではないでしょうか。

しかも小泉は、「自分が総裁になったら、直後に解散総選挙をする」と明言していました。

でも率直に言って、「そこまで持つのかな？」と危惧しました。総裁選でも相当ボロが出ましたが、例えば全国遊説の最中にさらにボロが出て、「こんな人で本当に大丈夫なの？」と思われる可能性もありました。

第4講で述べたように、私は小泉は自民党にとっての覚醒剤だと考えています。もちろん皆さんは使ったことはないでしょうが、覚醒剤は「悪魔の薬」なのです。

聞いたところによると、覚醒剤というのは瞬間的な効果は絶大で、いきなりフワー、ボーっとなるのではなく、一瞬だけ、驚くほど頭が覚醒するらしい。したがって、例えば判断力や計算力などがとても素早くなる。その後、突然、おかしなことを言い出したりするそうです。ごく普通のレストランで窓際に座っていると「あそこのスナイパーが私を狙ってる」等々、わけのわからないことを突然、言い始めたりするといいます。

友人の友人の話ですが、ある会社の社長室を訪れたら、覚醒剤を打つための注射器が置いてあって、「これはいかん」と、急いで縁を切ったといいます。その人の末路は酷かったそうです。覚醒剤というのは性的興奮を高めるために使うのが最も多いらしいのですが、結局、この社長の人生も家族の人生もボロボロにしてしまっただけでなく、愛人であったその社長の秘書の女性の人生まで破壊してしまったそうです。まさに「悪魔の薬」です。

小泉はこの覚醒剤のようなものでしょう。国民的な人気は高いので、「総選挙をやるぞ」となったときは、小泉人気で盛り上がるに違いありません。「なんか若々しくていいじゃない」と思う人も未だに多いはずです。しかし、時間が立てば立つほど毒が回ってくる。つまり小泉総理誕生ということになれば、自民党という体に毒が回り、ボロボロになってしまうでしょう。

私は、立憲民主党の中では野田が一番まともな類の政治家だと思いますが、何点か懸念があることは申し上げておきたい。

朝日新聞では、野田をこう紹介しています。

「フリーターから裏金追求で存在感　立憲新代表の横顔。徹底した政治改革で膿を出す先頭に立つ！」

また「野田の政治活動の原点は街頭にある」と記しています。彼は松下政経塾出身で、卒塾後、フリーター生活を経て千葉県議会に立候補を決意しました。

彼がすごいのは、毎日、津田沼駅でマイクを握り、何時間も立ち続けたという点です。いまはもうなくなりましたが「駅前留学はノバ」という英会話学校のCMがありました。野田はそれをもじって「駅前留学はノバ、駅前演説は野田」と、冗談みたいなフレーズを使って、毎日毎日、来る日も来る日も街頭演説を続けてきたのです。

有権者は、その姿を見ています。住民たちの信頼を勝ち取り、県議から衆議院選挙に出て、千葉県習志野市を地盤に当選を重ねてきました。落選経験もありますが、どれだけ逆風が吹いても、それを跳ね返す力がある、そんな政治家です。

彼は世襲議員ではない。その点は大いに評価できます。お父さんは自衛隊員、お母さんは工場で働いて野田を育てました。「地盤・看板・カバン」が政治家の条件と言われて久しいですが、彼はそうした特権とは無縁な人なのです。「お金のかからない政治」を主張する資格があります。

地盤というのはもちろん、例えばお父さんが築いてきた選挙区の組織。政治家の命は後援会の名簿です。これがそのまま手に入る。

看板とは知名度です。例えば芸能人が出馬したりしたら、知名度が高いので選挙に勝つ可能性が高くなる。地元でも父親が政治家だと、「ああ、あの岩田さんの息子さんね」というように、名前が売れます。カバンは資金力です。

したがって野田のように「地盤・看板・カバン」がないにも拘らず総理大臣になったのは希《け》有《う》な例です。最近では野田と菅義偉《すがよしひで》くらいでしょう。他はほとんどが世襲議員です。

世襲でないのに国会議員になり、総理大臣にまで上り詰めたのは立派なことです。

野田は、まず日本新党から出馬しました。細川連立政権の細川護熙が設立した日本新党に入党。同時期に枝野幸男や前原誠司などもいましたが、それに比べ目立たない存在だったと言われています。

しかし、どんどん実力をつけ、2011年に当時の民主党の代表選に出馬しました。あのときはまだ民主党内では小沢一郎、鳩山由紀夫らの勢力が党運営に力を持っていて、彼らは海江田万里を推した。すでに知名度が高かった前原誠司も出馬。「代表はこのどちらかだろう」と言われていました。

周りの予想に反して野田が勝利を収めます。このときに有名になったのが「ドジョウの演説」です。


「私の大好きな相田みつを氏の言葉に『ドジョウは金魚の真似をすることはないんだよ』というものがあります。ルックスはこの通りです。私が仮に総理になっても支持率はすぐに上がらないと思います。だから解散しません。ドジョウにはドジョウの持ち味がありますす。金魚の真似をしてもできません。『あかいべべきた金魚』にはなれません。ドジョウですが、泥臭く国民のために汗をかいて働いて政治を前進させる。皆様のお力の結集をわたくし野田佳彦に賜りますように、政治生命を賭けて、命をかけて皆様にお願い申し上げます」

この演説には細川のアドバイスがあったそうです。細川はあまり堅苦しくなく、自分の持ち味、自分のキャラクターを前面に出して、聴く人の心に訴えかけるような演説をしなさいとアドバイスしたらしいのです。

人間は、どんな先輩、師匠に出会うかで、その後が大きく変わってくるものです。細川のアドバイスで勝利を摑んだわけですが、反面、この「ドジョウ演説」は、彼のしたたかさを象徴するものでもあります。

当時、民主党の参議院のドンと言われていた輿石東《こしいしあずま》という政治家がいました。日教組出身ですが、参議院副議長も務めました。その輿石が最も好きだったのが、相田みつをなのです。そういうところをきちんと計算していて、決して美しくはないけれども、泥臭く、最後までやり続けるという意思表示が輿石に気に入られたのではないでしょうか。相当知恵を絞ったはずです。

そういう意味において、野田は努力家であると同時に、計算高い人でもあります。彼は早稲田大学政治経済学部の出身、私の学部の先輩です。早稲田には「稲門会」という同窓会があります。その稲門会に野田元総理がお越しになるというので、話を聞きに行きました。その際に聞いた、「外務省も野田内閣もなかなかやるな」と思ったエピソードを紹介します。

当時、最悪の状態にあった日米関係に関するものです。民主党への政権交代になった選挙で、鳩山が「(沖縄にある基地は)最低でも県外!」とぶち上げたのはいいが、「トラストミー」なんて言っておきながら、結局、何もできなかった。

「日米関係は破綻するんじゃないの?」という懸念が現実視されるほど、ひどい状態になっていました。なんとか日米同盟を少しでも改善したいと、当時の野田総理が、オバマ大統領との会談の前に全力で調査したらしいのです。外務省スタッフも優秀で、汗をかきました。

まずは「大統領の好物は何か?」

調査が始まります。

オバマ大統領は高校時代、ハワイにいてバスケットをやっていたらしい。そして練習や試合の後、親友の家に寄って、その親友のお母さんが焼いてくれたクッキーを食べながら牛乳を飲むのが好きだという事実を突き止めた。

そして日米首脳会談の前に、その親友のお母さんがまだご存命かどうかを調べて、そのお母さんを探し出してクッキーを焼いてもらった。それを持参してオバマ大統領のところに行く……そしてオバマ大統領の懐に入る。

つまり野田は人の心を摑むのを得意とする政治家、侮れない政治家なのです。

安倍晋三追悼演説は敬服に値する

私は人間的には野田代表を評価しています。それは安倍晋三元総理への追悼演説に現れています。これを誰に頼むかは大いに揉めました。万が一「安倍政治許さない」という趣旨を盛り込まれたりしたら、日本という国の品格を汚しかねないからです。

1960年、当時の社会党の浅沼稲次郎委員長が山口二矢《おとや》という少年に刺殺された事件がありました。あのときには自民党の池田勇人総理が追悼演説をしました。立場の違いを超えて、心からの哀悼の意を表したものです。

そんなことを思い出していたら、ある方から私にメッセージが来て、「私は野田元総理に追悼演説をやってもらうのがいいのではないかと思いますが……」と書いてある。私も「それがいいと思います」とお答えしました。そこでその方が野田に意向を尋ねたところ、「ご要望があれば、心を込めてやらせていただきたい」と返信があったとのことでした。これを聞いて、「ああ、この方がやってくれるなら安心だ。野田さんなら、総理大臣暗殺直後の追悼演説で、その業績や人柄を罵倒するなんておぞましい事態は避けられる。ぜひ演説してもらいたい」と感じた覚えがあります。

実は野田は幼い頃、浅沼稲次郎委員長が暗殺されたシーンをテレビで見て、「どうして、この人は殺されちゃったの？」と、お母さんに問うたらしいのです。そうしたら「政治家っていうのは命がけの仕事なんだよ」と言われたといいます。それがとても印象に残っていて、「だから自分も命がけでやらなくちゃいけないと強く思った」そうです。

野田の追悼演説には、そのようなことを感じさせる文章が多いのです。安倍元総理が政治家としてやり残した仕事、次の世代へと伝えたかった想い。そしていつか引退後に昭恵夫人と共に過ごすはずであった穏やかな日々……。

「すべては一瞬にして奪われました」という言葉には、かつての政敵であり、また立場こそ違え「日本をよくしていこう」という共通の想いを抱いていた〝盟友〟に対する畏敬の念が込められています。「政治家の握るマイクは単なる言葉を通す道具ではありません。人々の暮らしや命がかかっています」という言葉には、そうした哀悼の心と同時に、政治家としての矜持が感じられました。

増税論者で国民の信頼を得られるか？

ただ、彼にはアキレス腱が2つあります。

一つは、過去に「消費税増税」を強く主張しており、結果的に民主党政権を下野させた張本人であること。野田は総理時代に消費増税をぶち上げ、強く反対していた小沢一郎と激しく対立し、決裂しました。そのことが民主党政権の崩壊につながったのです。そして安倍晋三総理が誕生するということになりました。

その持論は、今はどうでしょうか。財政再建が必要だという主張はわかりますが、いまは財務省の声を代弁しているようにしか聞こえません。長く財務大臣を務めていたせいもあって、財務省の立場をよくわかっているのでしょう。

ただ、物価の高騰に苦しむ国民の理解を得られるかどうか。現在の状況で消費税を増税して、景気に冷や水を浴びせてしまい、逆に経済が萎縮してしまったら？　野田代表がどう判断するか、大きな争点になるでしょう。

私は必ずしも、消費税をゼロにしろなどと極端な主張するつもりはありません。しかし税金とは、経済状況を見ながら考えていかなければいけないのは当然です。それを無視して増税に突き進むということになれば、やはり国民の支持を得られないでしょう。

小川淳也幹事長が野田代表のアキレス腱

もう一つのアキレス腱は、立憲民主党幹事長になった小川淳也の存在です。

野田は前代表の泉健太とは格が違います。泉は野党の代表としてよく頑張っていましたが、この人を見ていると、「首が座ってない」と感じました。赤ちゃんだといいたいわけではありません。右を向いたり左を向いたり、いつもキョロキョロ、政治姿勢が定まっていない。

小川淳也にも似たようなところがあります。といっても、こちらは喋《しゃべ》るときの姿勢の問題。もし、私が自民党の一員だったら、小川幹事長を狙い撃ちします。とにかく喋ってもらうのです。彼は喋るのが大好きですから。喋るときにやたらと首や手を動かすのが彼の特徴で、「これ、いったい何なんだろう」と思うのですが、それは一種の癖だから仕方ない。

冗談はさておき、政策課題について狙い撃ちすればいい。「増税したいんですか？」と聞くと「必要です」という答えが返ってくるはずです。「タイミング的にはどうですか？」「ともかく増税が必要なんです」。そこで「どうしてですか？」と聞くと、「世界初の北欧型福祉国家を目指すために」などと答えるでしょう。言葉は綺麗ですが、その発言の具体的なイメージが湧《わ》かない、内実がよくわからない。北欧で実現しているのに、なぜ「世界初」なのか、意味がわかりません。立憲の屋台骨を支える幹事長として通用することはないでしょう。

小泉と小川が議論すれば、それは最悪の展開の状況に陥ります。両者とも議員の中では若い方なので「結構いいじゃない」なんて思う人もいるでしょう。しかし両者とも、何を語っているのか、まったく意味不明。わからない者同士がピーチクパーチク喋っているだけ。国民にとって不幸以外の何物でもないでしょう。

さすがに自民党も「小泉総裁」にはしなかった。

繰り返しますが、新総裁はエセ保守と呼ぶに相応しい政治家であり、私は彼を全く尊敬することができません。だが、国会での議論という観点からみれば、小泉よりは断然マシでしょう。常人であれば3分で話せることを30分かけてわかりにくく話し続けるのが石破茂の口調ですが、失言はしない。面白くもないし、無内容なのですが、とにかく失言はしないのが彼の話し方の特徴です。視聴者には面白くてウケるが、時に失言してしまう麻生太郎とは対極的です。

いずれにせよ、小川淳也幹事長は立憲民主党のアキレス腱です。何を言い出すのかわからない。

バカも休み休み言え、というよりも、発言しない方が彼自身のためにもなるはずです。でも、なぜか目立ちたがり屋で話したがるのですね。身のほどを知れ！

（2024年9月24日）

【第8講】突然大人気、でも石丸伸二のうさん臭さ

選挙を若者の手に渡さないと日本は滅びる？

東京都知事選挙で、驚くことに蓮舫を超え2位になった石丸伸二。安芸高田市長時代、ろくに質問にも立たない市議会議員に向かって「恥を知れ、恥を」と叫ぶ姿がSNSで公開され、特に若者中心にバズりました。

立候補時の夕刊フジのニュースにはこのような記事がありました。

「東京都知事選で台風の目となっているのが、前の安芸高田市長の石丸伸二候補。一部の情勢調査では無党派層の支持が、小池百合子知事を超えているとの指摘もあるが、人気は本物なのか？　陣営を直撃した」

考えてみるとすごいことですよ。大方の下馬評では、石丸はよくて3位ではないかという観測でした。でも小池・蓮舫の間に割って入ってきた。これはびっくりしました。

石丸は葛飾区の中学を卒業したので、公示後まず足立区、ついで葛飾区で街頭演説を重ねました。6月24日には丸ノ内にある古巣の三菱UFJ銀行本店前で演説し、「これまでになかった、初めての経済を知る人間、経済が使える東京都知事を目指すことをここに宣言します」と訴えました。

成長戦略の要として教育への投資を掲げ、「ここだけは思いっきりばらまく」として、全都立高校186校の生徒会長に100万円ずつ渡すという政策を披露したのです。生徒会長の裁量で、自分で考えて高校のために一番よい、面白い使い方を考えてもらいたいと主張したということなのですね。

これについてはいろいろなご意見があるでしょうが、100万円を高校の生徒会長にばら撒くことについて、果たしてそれはよいことなのか、悪いことなのか？　私はこれはひどい政策だとは思いません。

私の高校時代にも生徒会がありましたが、ほとんど教員のロボットのような存在でした。

自分たちで決めている風を装いますが、自分たちでは何も判断できない、「なんて馬鹿らしい芝居なんだろう」と考えていました。

実際に高校生が100万円の使い道を握ったらどうでしょう。バカなことに浪費するかもしれないし、とても有益な使い方を思いつくかもしれない。100万円という額はともかく、ある程度、高校生の裁量に委ねてみるというのは、なかなかのアイディアでしょう。それほど悪質な政策だとは思いません。

石丸の演説を聞きにきた人たちの反応はどうでしょうか？　新聞を読んでいると、例えば60歳の男性は「政治を本当に変えてくれるという思いが、国政の代理戦争をしている蓮舫・小池と違う」。55歳の銀行員は「ユーチューブを見ても真剣にやる気がある。政策にブレがないので、前から期待していたこの人に出てもらわないと変わらない」等々の意見があります。

ただ、ネットでは「全国から動員かけているから集まってるんじゃないのか」と批判的な意見も見えました。これに対して関係者は「ボランティアを5000人を募集したが、約7割が東京都民で、聴衆も約5割が東京から。街頭演説などに足を運んでいるのも7～8割が東京の人ではないか」と話しています。関係者がどこまで本当のことを言っているかはわかりませんので、割り引いて聞く必要はあるでしょう。

少なくとも、全員とは言いませんが、大方が東京都民ということ、それは嘘ではないと思います。というのは東京都民の数は圧倒的に多いからです。それだけでなく、これだけ話題になったので「一眼見たい」と、隣県の埼玉や千葉、神奈川から来た人もいたはずです。

さらに、無党派層の20代から40代では、小池に勝っているという調査もありました。しかし投票率が高い60代から80代では、小池と蓮舫に圧倒的に負けていると分析していたということです。

私の「上野千鶴子批判」に石丸シンパから強烈なバッシング

私が見ている限り、選挙に行くのが一番多いのは60代、70代です。もちろん、データの裏付けもあります。50、60、70と投票率は上がってきますが、80代は体調の問題もあって、行きたくても行けない人がいらっしゃいます。したがって70代が最も多いという結果になっています。

私自身は、この石丸候補は泡沫候補の一人だろうと思っていたので、あまり関心がありませんでした。更にいえば、なんとなく私は、この石丸に人間的な魅力を感じませんでした。

ただ「上野千鶴子のことを尊敬している」という点に興味を持ちました。私のユーチューブのチャンネルに批判的な動画をアップしたところ、炎上寸前まで行きました。「お前、何もわかってないんだな」と批判の嵐。「気味が悪いな」と感じたというのが正直なところです。

しかし、私は主張を変えません。恫喝されて意見を変えるようなことであるならば、保守本流は貫けないのです。学者の世界は真っ赤な世界。その中で意見を変えずに、常に信じることを主張し続けた私の姿勢を、匿名のアカウントごときが変えられると思うんじゃない。覚悟が違う。私がどれだけ「リベラル」を批判しても命を奪われるわけではない。明日、死ななくてはならない特攻隊の青年の覚悟と比べれば、大したことではありません。

ユーチューブというのは、基本的に変なコメントがあれば削除してもらえます。しかしネガティブなコメントばかり集まると、こちらが動画配信する気をなくしてしまいます。人間は気分の生き物ですから、悪口ばかり書かれると心が折れるのです。それでもなお負けるか！　との根性を持って発信します。私も人を批判する。他人も私を批判して当然です。闘う姿勢を貫くことが何よりも大切です。闘わない奴らは負け犬だと思うことにしています。

石丸が尊敬する上野千鶴子の思想は私とは相容れない部分があります。私は意見が異なるだけで、その人自身を嫌いにはなりません。何よりも大事にするのは思想的な方向よりも、人間として気の合う部分がある、なかなか魅力のある人だなどと人間性を重視します。政治思想が全く異なる友達も多いです。もちろん、敵も多いですが、異なる意見を持つ人との会話も大事です。「なるほど、あなたはそう考えているんですね」と思いますし、病気になったときには「頑張れよ」と励ましたりするでしょう。人間は政治思想だけで生きているわけではないのです。

もしかして「裏の部隊」が存在するのか？

石丸の場合は、上野千鶴子への尊敬の仕方に嫌悪感を抱きました。それ以前に、人間としての態度に受け入れがたいものを感じたのです。批判的な動画を配信したら、アンチのコメントが雲霞の如く湧いてきた。そのほとんどが意味不明な内容で、むしろ石丸候補に対する礼賛ばかりでした。少し気味が悪かったくらいです。「ネット部隊でも存在しているのか？　あるいは外国からの選挙干渉が日本にも及んだのか？」などと考えたほどです。外国からの選挙干渉は過去にありました。例えば2020年のアメリカ大統領選に、ロシアが工作を仕掛けていたことは周知の事実です。台湾の総統選でも、中国側が仕掛けていたことが問題になっています。

したがって、ネット上で特定の人物がバッシングを受けていたり、悪口で炎上したりする場合、「これは本当なのだろうか？」と冷静に判断するネット・リテラシーが求められる時代になっています。テレビの偏向報道がひどいので、私などは「真実はネットの中にしかない」と思っていましたが、ネット上にもでたらめな情報、つまり特定の方向に誘導していくような情報が溢れる時代です。非常に難しいことですが、メディア・リテラシーに気をつけなければなりません。

「ワンフレーズ主義」は何も語っていないのと同じ

ではなぜ、私が石丸に嫌悪感を覚えるのか。なぜか彼が自信過剰であり、万能感にあふれているように見えるからです。動画の視聴者から質問されると「あ、それ、全部できますよ」と簡単に答えてくれる。しかし発言の中身には深く言及しない。「ワンフレーズ主義」というのがＳＮＳ時代に合致しています。

政治家というのは、自信過剰で万能感にあふれている人よりも、ある程度、弱者に対する優しさ、思いやりを醸し出せる人の方が望ましいです。強者は放っておいても、強者。だからこそ、弱者に寄り添うのが政治の在り方です。弱肉強食が世の常であるからこそ、政治こそは弱者を守るべきなのです。

しかしながら、石丸の場合は「強者の論理」に見えてしまう。その魅力はある程度理解できます。しかし、地方の首長の仕事は議会と喧嘩することではありません。二元代表制の基本を守っていないのではないでしょうか。

地方政治というのは大統領制に近いです。大統領制の国家では、議会の過半数を占めている政党と、大統領の所属する政党が異なると、ねじれの状態を生んでしまいます。南米などでは結局収拾がつかなくなり、軍事クーデターが勃発するまでに発展することがあります。議院内閣制の国家の方が安定的であるというのが政治学の常識です。

国会では自民党と立憲民主党がバチバチ火花を散らしているのに、地方選挙では一緒の首長を応援するなんておかしいじゃないかという意見もあります。常識的な意見です。しかし、首長は自分の施策に賛成してくれる多数派を巻き込まないと、やりたいこともできない。政治において大事なのは妥協ということです。

例えば、大阪では日本維新の会がやりたい放題のように見えましたが、大坂府知事も大阪市長も公明党には配慮していました。公明党を巻き込まなければ、議会の過半数が抑えられない事情が存在したからです。したがって、首長に求められているのは「柔軟性」、悪く言えば「やや無節操」。それが条件なのです。

だから、私のような原理主義的な人間は首長に向きません。共産党の議員など見たくもない、と思っている私は首長向きではない。石丸も首長には向かない。議員として頭角をあらわすのもいいし、いずれ政権与党の党首になるのもいいと思います。しかし首長になって、議会と対立する構造を演出してしまうと、住民が不利益をこうむる可能性が高いのです。

「岩田温ともあろう人が」なんて揶揄してくるいやらしさ

石丸が尊敬するという上野千鶴子について発信したら、様々なアカウントから批判されました。いずれも、愚かな批判です。頭がおかしいといっても過言ではないレベルの学力の低さが滲み出たコメントが多かったのが特徴でした。一部を紹介します。

「岩田温ともあろう人がずいぶんと感情任せに幼稚な批判をしているようで残念。断片的な情報をかき集めて人物像を捏造するのではなく、正しく人物を見ないことには日本の政治家はよくならない。石丸伸二は民主主義の意識を高めて正しく市議会を導く。新しいリーダーだった石丸伸二！」

断っておきますが、私とて真偽の定かでない情報をもとに、候補者を否定することはしません。一般論として、中国やロシアなどのネット干渉があり得るということは言えますが、「石丸のバックにいるのは中国だ」とか、「裏で応援しているのは創価学会だ」などと発言したことはありません。「変なコメントだな」と思いましたし、「岩田温ともあろう人が」なんておだてて、そしてくさす、いやらしいコメントだと感じました。

別のアカウントからも、「岩田温ともあろう人が～」から始まる、まったく同じ文面の批判がありました。はっきり言って気味が悪いです。誰かがこの文章を作って、テンプレートにしていると考える方が合理的です。同じ趣旨、同じ意見の文章が来るならまだわかります。だけど、全く同じ文章とはどういうことでしょうか……。

読売新聞によると「この石丸氏はボランティア約5000人がSNSを駆使して活動ぶりを拡散しているといい、今後の演説では具体的な対策の比重も高める方針だ」ということでした。「具体的な対策」というのは、おそらく石丸批判の投稿や動画があったら、寄ってたかって反論するということです。「この人を応援してください」というのではなく、自分たちの陣営に批判的な発言に対して一方的な批判を浴びせる。そう疑いたくなることがあります。異なるアカウントでまったく同じ文面が来たのです。何よりもそれが証拠でしょう。

そして上野千鶴子についても「お前の考え方は間違っている」という批判が舞い込みました。「その問題についてはもう石丸自身が何度も説明している」と言うのです。そこで改めて調べてみました。

私が述べたのは、2022年3月の市議会における答弁です。質問をした議員も「上野千鶴子はけしからん」という立場ではなく、「上野さん素晴らしい」という意見の持ち主です。

石丸市長の答弁の趣旨は次のようなものです。

「上野先生は、私も学生時代から存じ上げている。本もよく読んでいた。今回初めて実際にその講演を拝聴し、その感想なんですが、まさに真に女性の地位向上のため、引いては社会の発展のため尽力されてきた。そしていまも尽力されている方だなと感じました」

そして、現代社会は男性が優位な社会にあるということを述べた上で、上野千鶴子に相談したいと発言しているのです。つまり、上野千鶴子に女性の地位向上という問題について相談していきたいというわけです。誰を尊敬しようと個人の自由ですし、尊敬しているというのは事実でしょう。上野千鶴子であろうが、麻原彰晃であろうが、彼らを尊敬していてもそれだけでは犯罪になりません。ただし、こちらに批判する自由もあるのです。

従軍慰安婦の存在は、とうに否定されている!

上野千鶴子はフェミニストの急先鋒ですから、これに関する著書も数多くあります。私もたくさん読みました。例えば『ナショナリズムとジェンダー』(岩波書店)などは、「慰安婦問題」などについて著述している。そこでは面白い指摘もあります。

次のような指摘です。

「『書かれた歴史』においても、記憶されたものよりも忘れ去られたもののほうがはるかに多い。それ以上に、今日手に入る文書史料が、どのような『検閲』を経て、わたしたちの手許に残されたのか、を疑ってみる必要がある。わたしたちの目の前には、歴史によって『許された』史料しか入手可能ではない」

確かにその通りです。私も単純な歴史実証主義の立場には立ちません。なぜなら、史料というものがなぜ残ってきたのかと考えてみると、その方が為政者に都合がいいからだということは否定しません。あるいは消されたのではなくて消えてしまったという見方もあるはずです。ですから、いま手元にある資料だけで歴史の真実がすべて見えてくるわけではないということの指摘。私もなるほどと思う。

ただし、「朝鮮人女性を強制連行した」と報じた吉田清治の「自分が従軍慰安婦狩りをやっていました」という証言は信憑性が薄いとして、すでにどちらの陣営からも否定されているはずです。「従軍慰安婦の存在」「強制連行」という事実はなかったのではないかというのが、現在の常識です。

上野の議論では、「いままでは声を上げられなかった女性が声を上げられるようになった。このパラダイムの転換が大事だ」と言っています。史料として残されていない事実もあったはずだということです。しかし、「その女性が本当のことを全部話しているのか」ということも検証しなければなりません。当たり前のことです。

検証する際に重要になってくるのは、それを裏付ける史料の信憑性《しんぴょうせい》です。史料の裏付けはないけれど証人がいるから……と言われて信じていたら、それは学問ではありません。「言ったもん勝ち」のようなヤクザの因縁と変わらない話になってしまうのです。

実証史学がすべてではなく、想像力というのも大事です。しかしながら証言があるからそれはすべて事実であるという考え方も、また危険です。

上野理論は矛盾だらけ！

上野千鶴子の『結婚帝国』(河出書房新社)という本で、フェミニストの上野千鶴子が、信田さよ子というフェミニストの臨床心理士と対談しています。信田は『母が重くてたまらない』（春秋社）の著者として知る人ぞ知る方ですが、結婚ということについて、上野はこんなことを言っています。

「私は結婚契約をこんなふうに定義しているんです。自分の身体の性的使用権を特定の唯一の異性に生涯にわたって排他的に譲渡する契約のこと。いま、どうしていまの若者たちはこのような契約をする気になるんですかね」

結婚は、性的関係を持つ相手は生涯にわたってその人だけという契約を結ぶということだ、というのです。上野は、これはおかしいと言っているわけです。

結婚というものを性的関係だけで捉えるというのも、ちょっとおかしいと思うのですが、さらに不思議なのは、「自分が接する異性の身体を管理する資格がある」とか、「支配する権利がある」という感覚を、なぜ持つことができるのかということです。

夫でも妻でもいいのですが、例えばどちらかが不倫していたとします。「どうして？不倫なんておかしいでしょ？」と聞いたとき、「あなたは他人の身体を管理する資格があると思ってるんですか？　私の体をどのように利用しようと、それは私の自由でしょう？

そんな考え方自体おかしいじゃない！」ということになります。よく「私を裏切ったね」などとか言って相手を責めますが、どうしてそう思えるんですか？　というわけです。

煎じ詰めれば、「結婚というシステムそのものがもう古い」という発想です。このように考えるフェミニストが実際に数多く存在します。これが家族破壊のイデオロギーというものなんですね。結婚という制度そのものを憎悪しているのです。

とある人物が上野千鶴子の話を聞いて、「男女が別居していて、たまに会ってご飯食べてセックスする。その関係を何て呼ぶんですか？」と聞いたとしましょう。上野によれば「仲のよいお友達」でしかないのです。このような考え方では、家庭というのが成り立たなくなります。

上野が女性の地位向上、ひいては社会の発展のために尽力されてきたとは到底思えない。だから批判しているのです。石丸は、上野の話を聞き感銘を受けて、相談するという。そんな石丸に対して私は疑問を投げかけているわけです。

上野の本には、このような記述もあります。

「信田氏は既婚者でしたね。制度の中の勝ち組です。私の新しいプロジェクトは、高齢シングルこそ女性の生き方っていうものですが、超高齢化社会では遅かれ早かれ、最後は女はみんなシングルになる。ざまーみろ私のほうが先輩だ」

皆さんもご存じの通り、上野千鶴子も〝経歴詐称〟の人です。というのも、ご本人は入籍していました。言うこととやることが違う。

ルソーというフランス思想家に『人間不平等起源説』というものがあります。もともと自然人とは道端で気に入った人と会えば、性の交わりをかわしていい、それが普通だったと記されています。上野らはそういう世の中にしたいのかと驚きます。

私は厳格な家族主義を守るほど立派な人間でもなく、ちゃらんぽらんです。きれいな人を見るときれいだなと思ってしまう。でも家庭を壊してまで不倫したくない。

家族というものは、そのような権利を譲渡するとの主張には、疑問を感じます。

先日、私は大病しました。そのときに妻が毎日病院に来てくれましたけれど、15分しか会えないんです。コロナの影響です。それでも毎日、15分のために来てくれるわけです。「やっぱりありがたいな」とつくづく感じました。それが家族というものだと思うのです。

石丸がどれだけ上野千鶴子の本を読んでいるかわかりません。上野の著書を読むかぎり、彼女は決してバカではないことが分かります。しかし、世の中を良くする方向に動いているとは到底思えません。むしろ、結婚制度を破壊して社会を混乱させようとしているようにしか見えない。

そこで、私に批判の嵐を浴びせてきた石丸の支持者には、「真面目に上野千鶴子の本を、最低5冊読んでごらんなさい」と申し上げたい。

「難しくて……」云々と上野千鶴子の本も読めないなら、黙っていればいい。他人を批判するためには最低限の知性が必要なんだ。バカも休み休み言え！


（2024年6月27日）

第3章

偏ったマスコミ報道を鵜呑みにすると世界観を誤る！

【第9講】 青木理よ、ヘイト・スピーチはやめろ！

「日本人は劣等民族」とはなんたる言い草か！

驚くべき事件が起きました。9月12日に、ジャーナリスト・青木理が、「ポリタスTV」というチャンネルで同じくジャーナリストの津田大介と対談し、「日本人はなぜ自民党に入れ続けるのか」というテーマで討論していた際、「日本人は劣等民族だから」と発言したのです。

とんでもない発言、まさにヘイト・スピーチに当たります。

私は何も、日本人が世界の中で卓越して優秀な民族だと言っているわけではありません。日本人の中にも、立派な人もいれば、おかしな人もいる。オウム真理教の麻原彰晃のような極悪犯罪者もたくさんいます。それは全世界、どの民族でも同じです。優秀で立派な人も存在すれば、極悪人も存在するのが国民、民族の構成です。すべて優れている、全て劣っていると決めつけるのがヘイト・スピーチです。

しかしこういうことを無視して、まるで「日本人全体が劣等民族だ」というような烙印を押されるのは納得できません。

「劣等民族」という人種的優越思想を極限までに進めていった集団はナチス・ドイツです。「劣等民族によって、自分たちゲルマンの高貴な血が汚染されることがあってはならない」という思想のもと、ユダヤ人を大虐殺していったのです。

ちなみに、よく戦前の日本をナチスと同列に論じる人がいますが、大きな間違いです。戦前の日本には特定の人種を劣等民族とする発想はありません。例えば「八紘一宇《はっこういちう》」の精神について考えてみたり、「大東亜共同宣言」を読んでみると、むしろ欧米主導の人種差別を撤廃せよと主張したのが戦前の日本でした。「アジアの民族は一致団結して欧米植民地主義と戦い、アジアを解放しよう」を旗印にしたのです。

話を戻しますが、この青木の言葉は、間違いなくナチスに相通じるものがあります。「劣等民族だから……」という発想の大本には、日本人という集団は、全員が劣っているという発想があります。これを差別主義者と言わずしてなんと表現しましょうか。

私は詳しいことは知りませんが、青木も日本人の一人でしょう。日本民族は劣等民族だというのなら、「青木さん自身も劣等なんですか?」と聞いてみたいものです。

天皇と日本国民への侮辱は許されていいのか?

「リベラル」たちはいつも、自分だけを〝蚊帳の外〟において、他人を批判する傾向があります。例えば「ヘイト・スピーチをやめろ」と叫んでいますが、ではどんな場合がヘイト・スピーチに当たるのでしょうか。

例えば、「この人は愚かである」とか「韓国政府のこんな報道はおかしい」と叫んだとしても、これはヘイト・スピーチに当たりません。「中国の全体主義的体制は許しがたい」、「アメリカ政府のやり方は横暴である」というのも同じです。

しかし、「中国人は頭がおかしいんだから、地上から抹殺してしまえ」、「ガザで虐殺を繰り返すイスラエルは地上から抹殺しなければならない。ユダヤ人という存在が地球を悪くするので、イスラエルを殲滅してなくしてしまえ」という主張になれば、これはヘイト・スピーチに該当します。

自民党の杉田水脈議員が「アイヌの人たちに対して侮蔑的な発言をした」と騒がれましたが、あれは決してヘイト・スピーチではありません。確かに好ましくない表現が含まれていることは事実です。「もうちょっと慎重な物の言い方をしたほうがいいですよ」と、私も直接忠告したことがありますが、彼女は「アイヌ民族は劣等民族だ」などと発言したわけではない。それでもあれだけ叩かれ、それ以降も非難され続けています。

しかし、杉田議員を叩いた側は、形こそ違え、同じことをしているのです。「ヘイト・スピーチを許すな」と口にしておきながら、「あいちトリエンナーレ」という展覧会で彼らは何をしたか？　昭和天皇の顔写真に火をつけて燃やし、灰にして踏みにじった。それを「表現の自由だ」とうそぶくのです。日本国民、あるいは国民の象徴である天皇陛下に対する侮辱は、象徴に対する憎悪の表現であり、十分にヘイトな表現です。これが認められ、杉田議員の発言がヘイト・スピーチだなど、まったく腑に落ちません。

ヘイト・スピーチなのか、そうでないのかの線引きは厳密に行わなければなりません。ヘイト・スピーチが恐ろしいのは「例外を認めない」というところにあります。

青木に「劣等民族」と規定された日本人の中にも、おかしな人もいれば、優秀な人だっている。安倍晋三、中川昭一、岩田温から青木理、麻原彰晃、石破茂まで存在するのです。

人種や民族によって、すべてが決まっているわけではないし、性格やキャラクターが決定されるわけではありません。

それを一括りにして、「日本人は嘘つきだ」とか「約束を守らない民族だ」というのはまさにヘイト・スピーチに他なりません。もちろん、日本人の中にも約束を守らない人もいますがきちんと守る人だって存在します。そういう例外を認めないのが、このヘイト・スピーチの恐ろしい点です。

心の奥底に抜きがたい差別意識が？

私は青木と何度もテレビで共演したことがあります。そのときはさすがにそこまでバカな発言はしませんでしたが、印象的だったことを紹介します。「いろいろ批判はありますが、では青木さんはどういう政治がよい政治だと思いますか？」と司会者に聞かれた際、はっきりした発言をしませんでした。「それは私の仕事ではないので……」と、曖昧な答えで逃げたのです。そのとき、「はて、この人は何をしたいのだろう？」と疑問を持ちました。ただ文句を言っていたいだけの文句屋ではないかと感じたものです。

今回はそういった言葉のあや、間違いではなく、心の底から「日本人は劣等民族である」と思っている、彼の心の声が表面化してしまったのではないでしょうか。そうでなければ、「劣等民族」などという発言が出てくるはずはないからです。

ナチスがユダヤ人虐殺を行ったのは、ナチスがユダヤ人を劣等民族と決めつけて差別していたことと同時に、「このまま放置しておいたら、優秀な(はずの)ゲルマン民族の地位が脅かされてしまう」と、彼らに対して恐れを抱いていました。ユダヤ人にドイツ人の社会が侵食され、汚染されてしまうという恐怖を抱いていたのです。

ナチスの考え方によると、民族ごとに明確な序列が付けられています。無論、最高峰に位置するのがゲルマン民族のドイツ、白色人種の最下位がユダヤ人。三国同盟のパートナーである日本に対しても、黄色人種であるがゆえに、ドイツと対等な民族だなんてまったく考えていなかった。そんな国と同盟を結んだこと自体が日本の間違いだったともいえます。

ナチス・ドイツはポーランドに侵攻しました。ソ連のスターリンと密約を結んで、ポーランドを分割しようとしたのです。これが第二次世界大戦の契機になったのですが、このときソ連が何をしたかといえば、カチンの森というところで、ポーランドの将校たちを大量虐殺しました。まったく非道で許されざる行為なのですが、これはポーランド軍による反乱の芽を摘むという極めて単純目的から為された犯罪行為です。

一方のナチスも残虐でした。彼らは「ドイツ民族は優秀だけど、ポーランド人は劣等民族だからドイツ民族に仕えてしかるべきだ」と定義しました。そして劣等民族には知識人など存在すべきでない、大学を閉鎖して大学教授を次々に逮捕し、虐殺しました。ポーランド人の中には「優性民族思想」に反旗を翻す人もいます。その火種になり得る知識人の存在を抹殺して、〝劣等民族の頭脳の芽〟を摘んだのです。これがナチスという組織の恐ろしいところです。

危険な優性人種思想

ユダヤ人の中には、第一次世界大戦の際にドイツのために命がけで戦い、勲章を授与されている人もいました。ドイツのために戦った立派な愛国者だったのです。ドイツにはユダヤ系ドイツ国民が多くいました。

しかしヘイト思想、レイシズムは、そのような事実には目を向けません。ドイツ民族が「ユダヤ民族というのは劣等民族だ」と定めたことがすべてなのです。罪も犯していない、むしろ国民として模範的な人物であっても、劣等民族として犯罪者の群れと一緒にされ、まるで存在そのものが犯罪者であるかのように扱われました。

青木の発言は、レイシズムと同じ危険性を孕《はら》んでいます。「自民党に投票する人間なんて、もはや人間じゃない」というニュアンスが含まれたこの発言は、自分たちと考え方の異なる人間は人間ではないという思考につながりかねません。

1994年、アフリカのルワンダでフツ族の民兵によって、ツチ族が大量虐殺されるという、アフリカの歴史上最悪といえる事態が起きました。しかし、フツ族とツチ族の間には人種的な違いはなく、宗教や言語、住んでいる場所も同じです。ですが、ツチ族はもともと遊牧民系で支配者階級、フツ族は農民系で被支配階級でした。

ではなぜ、こうした事態に発展したかというと、ここを植民地にしたベルギーの政策に原因があります。ベルギーは分割統治を行っていたのです。つまり少数派のツチ族を重用することで人為的に民族対立構造を作り出し、人口の大半を占めていたフツ族を効率的に統治するという方法です。敢えて2つの民族を対立させ、憎悪を用いて植民地から収奪する政策です。

ルワンダの悲劇は20世紀後半に起こった悲劇ですが、青木の発想にも同じような〝差別意識〟があるように思えます。

日本国民よ、抗議の声をあげよう！

つまり、青木は極めてナチス的な危険思想のレイシストではないかと思われます。一民族を「劣等民族」などと断定するような人物を公共の電波に出演させ続けているのは、一種の犯罪であるとさえ私は考えています。表現の自由の範疇を越えています。

「表現の自由」にはある程度の制約があってしかるべきです。危険なヘイト・スピーチを公共の電波で垂れ流していることの危険性をもう少し、日本のマスメディアは真剣に考え直した方がいいでしょう。しかし、危険な思想を煮詰めたような発言をする人間が、ジャーナリストを名乗って、テレビに堂々と出演していたのですから、やはり異常です。「リベラル」であれ「保守」であれ、発言には一定の抑制がなければならないはずです。

我々は、彼が出演しているTBSの「サンデーモーニング」の動向を注目し続ける必要があります。そして再びヘイト・スピーチを行えば、抗議の声をあげなければいけません。

仮に青木と正反対の立場にいる保守系の言論人の誰かが「ここの国民は劣等民族だ。あの国の国民は劣等民族だ」などと発言したら、もう大炎上でしょう。二度とテレビでお目にかかることはないはずです。しかし、左派の青木なら許されるということなら、テレビは、マスメディアは、日本人に対するヘイト・スピーチに寛容だということになります。どれだけダブルスタンダードなのかと、そのいい加減な姿勢に唖然とします。

日本人は劣等民族？　バカも休み休み言え！

（2024年9月18日）

【第10講】 フランス総選挙、ルペンは〝極右〟なのか

大統領が議会を解散するってどういうこと？

フランスの総選挙、第一回投票で第一党になった「国民連合」（RN）という政党があります。マスコミでは「極右」と言われています。

フランスのマクロン大統領は、EUの選挙において自分の支持政党が大敗し、形勢逆転を狙ってフランス国民議会を解散しました。下院で定数577です。

マクロン大統領は「極右」政党の躍進に危機感を示し、「フランスの将来と将来の世代のために正しい選択をしよう」と国民に支持を訴えました。国政選挙で勝利することで国民連合の影響力を抑えたいとの意向です。

しかし、非常に危うい戦略でした。欧州全体の選挙で大敗したのだから国内の総選挙で

も危ないという見方が大方でした。彼は「いましかやれない」と考えたのか、あるいは「時間が経てば経つほど劣勢に追い込まれる」と思ったのか、マクロン大統領としては国政選挙で勝利し、〝極右〟政党の影響力を抑えたいという狙いだったようです。

結果は、第一回投票ではマリーヌ・ルペン率いる「国民連合」が第一党に躍進しましたが、決選投票ではマクロンの与党連合と左派連合の候補者調整が奏功し、議会第1勢力の座が有力視された極右「国民連合（RN）」を土壇場で失速させる「サプライズ」になりました。

しかし、どの党も過半数に届かず、政局の混迷が長期化する恐れが強まっています。与党連合のアタル首相は大統領に辞表を提出、認められましたが、誰が後任を務めるかで紛糾しました。結局、右派のミシェル・バルニエが任命されましたが、それに対する抗議運動も起きており、簡単に収束するかどうか不透明です。私は、つぶさに語れるほどフランスの政治に通暁《つうぎょう》しているわけではありませんが、押さえておかなければいけない点は二つあります。

まずは制度の問題です。「大統領が議会を解散するってどういうこと?」と思われる方も多いはずです。日本の場合は議院内閣制で、選挙で選ばれた国会議員の中から首相を選びます。立法府である国会と行政府である政府が連動している。ともに責任を負っているわけです。だから解散・総選挙は首相が行います。議院内閣制です。

日本は憲法で「三権分立」を掲げております。これは近代政治の常識のように思われるかもしれませんが、決してそんなことありません。日本の議院内閣制は、厳密には三権分立とは言い難い。なぜなら、行政と立法が一体化しているからです。イギリスも同様です。議院内閣制の国は、必ずしも三権分立がしっかりしているとはいえないのです。

反対に、大統領制の国はしっかりしています。アメリカの大統領が議会を解散できるかというと、それはできません。行政府の大統領と立法の議会、そして司法は完全な三権分立にあるからです。

ではフランスはというと、フランスには首相もいるし大統領もいる。韓国も同じです。総じて外交や国防は大統領、内政は首相の役割という国が多いようですが、これを知らないと、「なんで大統領が解散権を持つのか」がわからない。「大統領のほうが権力があるのだ」という議論もありますが、必ずしもそうとは限らないのです。

例えば大統領の中には実権を持たない大統領もいます。ドイツ、あるいはイスラエルなどの場合、日本人はそれらの国の首相の名前は知っていても、大統領の名前を知らない人が多い。なぜなら、これらの国では大統領はほとんど名誉職のようなもので、政治的な権力はほとんど持っていないからです。国民の象徴、シンボルの役割を果たすということになっているのです。

ドイツでもイスラエルでも、政治を動かしているのは首相。だから国によって、どこに権力があるのかをきちんと押さえておかないと、訳がわからなくなります。したがって、例えば各国の政治制度を見たときに「大統領がいるからこうだとか、首相がこうだから」と簡単に決めつけると、その国の政治が見えなくなる。これが、まず一つ覚えておく必要がある豆知識です。

一番面白いのはロシアです。ロシアには大統領もいるし、首相もいます。これはどちらが強いのか？　フランスの場合は大統領が強く、首相は弱い。ドイツやイスラエルの場合は政治的権力は圧倒的に首相が握っている。ではロシアは？　ここはプーチンがどちらを務めるかによって決まります。プーチンが首相になれば首相に権力が集まり、大統領になれば大統領に権力が集まる。プーチン次第で権力構造が変わってくる。民主主義とはほど遠い強権国家だと言っていいと思います。

フランスの場合、マクロン大統領が解散を命令したという、同じ大統領制のアメリカでは考えられないことができる。これがフランスのシステムなのです。

「極右」というレッテル貼りの意味

これは単なる豆知識として押さえておけばいいだけの話ですが、問題なのは、国民連合を「極右」と決め付けている点です。国民連合は、以前は国民戦線という組織で、指導者であるマリーヌ・ルペンの父親が創設しました。現在の党首は若いジョルダン・バルデラです。

本当に極右政党と呼ばれるべきでしょうか。例えば日本の共産党を「極左政党」と言いますか？　あるいはドイツの緑の党は？　内実は極左ですが「極左政党」とは言いません。新聞やメディアは、中立的な立場を取り繕っていますが、言葉の選択の仕方で、相当なバイアスがかかるのです。「極右」というレッテルで「危険な人たちなんだ」という印象を与えようとしているのです。

例えば「極右」という言葉で連想するのはナチス・ドイツでしょう。確かに恐ろしいことを主張してきました。他国を侵略して、占領地域からユダヤ人を一掃することを目標に掲げて、強制収容所という「ユダヤ人絶滅収容所」まで作り、粛々と悪魔的な計画を実行していた。これで殺されたユダヤ人は600万人とも言われています。許されざるべき犯罪です。

しかし「極左」とて恐ろしいのです。ソ連の指導者スターリンは、宿敵や反対勢力を次々と粛清しただけでなく、アジア地域にいた民族をヨーロッパ地区に強制移住させたりして、多くの人民の命を奪いました。ウクライナで人工的な飢餓を作り出し、ウクライナ住民を大量殺戮した事実も忘れてはなりません。

個人の生命、尊厳などどうなってもかまわないという恐ろしい政治体制、それが全体主義なのです。

マリーヌ・ルペンが書いた『自由なフランスを取りもどす』(花伝社)という本がありま す。少し前の2017年の本なのですが、まったくおかしなことは言っていない。「フランスの民衆、そこには見えないけど、消すことのできない絆、国民の絆がある」と書かれています。「それによって結びつけられた一つの国への愛、一つの言語、一つの文化への愛着によって結びつけられた何百万人もの男女、民衆が数百万人の胸の内で鼓動する唯一の心臓です。それは同じ一つの生き方、同じ一つの希望なので、それをなくしてしまったら、アイデンティティなきフランスになってしまう」というものです。

まっとうな愛国者の感覚そのものではありませんか。自分たちの国民としての紐帯を大切にすることを馬鹿にするような政治家は信用なりません。

確かに、フランスに限らず国民国家において、主権なしのアイデンティティなど存在しないはずです。「でももはや、フランスの主権はフランス人の手中にない」とルペンは主張します。

「EU官僚」という言い方をしますが、欧州事務局にいる高級官僚たちが、フランスのことにあれこれと〝文句をつけてくる〟。これで国家の主権が侵されていると主張しているのです。我が国でも総理大臣が靖國神社に参拝すると中国や韓国が非難してきます。あるいはLGBT理解増進法などという悪法を作れと命じてきたエマニュエルなる米国駐日大使も存在しました。彼らの主権侵害行為に対して憤るのは当然です。

ルペンはEUが加盟国の主権を侵害していると憤っているのです。

実はこの考え方は、英国のサッチャー元首相と似ています。でもサッチャーのことを「極右」と呼ぶ人はいません。イギリス保守党党首を務めたサッチャーは、EUに非常な懸念を示していました。それはなぜかと言えば、「ヨーロッパというものを単調な一つの色で染めてはいけない」という考え方を持っていたからです。ヨーロッパ全体が赤や青の一色に塗られるのではなく、モザイクのように様々な色があるから、ヨーロッパは美しいんだという考え方です。イギリスにはイギリスらしさがあり、フランスにはフランスらしさがある。ヨーロッパ各国には独自性がある。そうした独自性を尊重しながら協力するのは当然だが、独自性をなくし、ただ一つのヨーロッパにしてしまおうとする企みには断固反対していたのです。

しかし、現在、フランスの人たちが感じているのは「自分たちの文化や主権がどんどん奪われているではないか」という不安です。具体的に言うと移民の問題です。

自分たちの文化や歴史、言語すら知らず、まったく相容れないような文化や風習を勝手に持ち込んで来て同化しようとしない移民が多数存在する。こうした移民に対して「多文化主義」「多文化共生」などと主張し、もといたフランス人と同等の価値観を主張するのは論外だと言っているわけです。これは極右はなくとも、普通の人の一般的な感覚そのものでしょう。

むしろこのように思わない人のほうが、独善的なリベラリズムを押し付けようとしているのではないですか。ルペンはこうも言っています。

「わたしたちは、超リベラリズムと急進的個人主義の嘘に、多文化主義という宗教に譲歩しすぎたのです」

要するに、なんでも個人の自由が大切で、少しでも異議を唱えれば非難するのが超リベラルで、急進的な個人主義なのです。そして、彼らは「多文化主義」を標榜する。すべての文化が等しいのだからフランスの価値観を一方的に押し付けてはいけないという思想を有しています。だからフランスにいながら、フランス語を喋ろうとしない人がたくさん出てきたりする。いったい、この国はどこに向かっているのかという危惧であり、悲嘆。それがルペンたちを支える原動力になっています。

そこで私は問いたい。こうしたことを嫌だと思う人々の心は、果たして極右なんですか？　逆にそれは常識なのではないかと、私は申し上げたいのです。

むしろ「フランスの伝統を守ろうという常識を失っている」人たち、つまり「リベラル左翼」のほうを、私は嫌悪します。

例えば「世俗主義」という言葉があります。国の政治に宗教を持ち込んではいけないという考え方で、フランス革命以来、フランスはこの原則を守り通してきました。しかし、イスラム諸国から来た移民の一部は、この世俗主義をよしとしないのです。イスラムは個人の生き方そのもの、政治と宗教が密接に絡み合っており、世俗主義を受け入れたがらないのです。

その象徴がフランスの「スカーフ論争」です。イスラム教徒の女性が自分たちの教義にしたがって学校にスカーフをかぶって来たところ、それはよいのか悪いのかの論争になりました。なぜ、そこまでフランス国民がこだわるのかと思うかもしれませんが、「もし宗教的なものを学校に持ち込むことを認めたら、旧来の世俗主義が壊れるのではないか」という懸念があるからです。これまでフランス人が長い間に培ってきた世俗主義の伝統が崩れる。それが嫌だといっているわけです。

宗教というのは個人の内面の発露であるから、自分が何を信じようと自由です。しかし、宗教を政治の場に持ち込んではいけない、宗教を加味した政策を立案してはいけないという世俗主義の伝統は守られなければならないはずです。とりわけ、フランスという国では、当然のことでしょう。

私は、キリスト教徒でもなければイスラム教徒でもありません。だから宗教と政治を区別しようという主張には賛成です。個人の内心はあくまで自由。これについては否定しません。だけど、それを政治に持ち込むのはやめていただきたい。

「グローバリズム」で社会がよくなったか?

現在、フランスにやってくる移民の多くはイスラム諸国にルーツを持ちます。彼らの多くは熱心なイスラム教信者で、必然的に世俗主義との軋轢を生みます。しかも、彼ら移民がフランス人労働者階級の職を侵害しかねないのです。こんな形で彼らに門戸を開く政策の是非について、いったいどの程度、フランス人の意見が反映されているのでしょうか。「我々、フランスの庶民の立場をまったく無視しているじゃないか」と不満が噴出するのは無理もありません。

多文化主義とは、言い換えれば、様々な文化、色々な宗教を認めろということです。これが学校で教えられ、あらゆるメディアによって拡散され、人々の心に強要され、それに賛同を表明しないものは追放され、排除され、意見を聞かれることもなく断罪されるという現象が、ヨーロッパ社会で現実に起こっているのです。

私は、移民政策というのは一種の「人間への侮辱」だと考えています。人間が心から安心できるのは、一つの国民的共同体と一つの言語、一つの文化と結びついているときです。つまり国民国家としての同胞意識、こういったものを大事にしていかなければ、人間の尊厳が崩れ去ってしまうのです。

現代は「グローバリズム優先」の時代になっていますが、だからといってどんどん移民を受け入れてよいものでしょうか? 資本主義の論理としては、安い労働力でさえあれば、労働者など頭も言葉も使えなくても構わないと考える。ずっと単純作業をしてくれればそれでいいのだから、「はい。どうぞどうぞ、いらっしゃい」「安い労働力をありがとう」となります。いらなくなったらポイっと排除ということができるかもしれない。しかしそれは健全な国家のあり方ではありません。人間を何だと思っているのかと、怒りに駆られます。もとからいるフランス国民にとっても、やってきた移民にとっても、結果的に不幸な事態を生むのです。

「我々はフランス人として生きている。その人たちのことを無視してどんどん移民を入れて、フランス人の仕事がなくなっても、移民のほうが安いんだから移民のほうを雇うよ、そんな考え方っておかしいでしょ」というのは「極右」の主張なのでしょうか。

この考え方は極めて健全な思想で、私は正しいと考えます。むしろこれに反対している人たちのほうがおかしい。でも「極右」とレッテルを貼って排除しようとするのです。だから健全な保守の怒りが、国民連合を第一党に押し上げようとしたのです。

それは、いままで極右と恐れられ、「この人たちは危険だ」とマスメディアやエリートたちに罵倒され続けた人々の主張していたことが「やっぱり一理あったんじゃないのか」と、国民の認識が変わってきたのです。「移民をたくさん受け入れてきたけれど、その結果、我々の生活は悪くなる一方だ、こんなはずじゃなかった」という実生活の体験、経験からの怒りの声です。

これは日本にとっても貴重な教訓になります。今後、自分たちの社会が移民社会になっていくのかどうか、日本でもその是非が問われているのです。日本はヨーロッパの失敗から学ぶ必要があります。

そもそも、日本のメディアはルペンを「極右」と呼びますが、むしろ、自分たちの伝統や文化を守ろうと主張することのどこが「極右」なのですか。「極右政党」の一言ですべてを片付けようとしてくるメディアの言葉の罠。極左は現実を見よ。移民受け入れ？　バカも休み休み言え！


（2024年6月10日）

【第11講】週刊金曜日、朝日新聞が絶賛！君が代を否定する少女

君が代斉唱で〝不快な思い〟だって？

「週刊金曜日」の記事がヤフーのニュースに転載されたのを見てこの問題を知り、私は腰を抜かしそうになりました。

卒業式や入学式では国歌斉唱が行われます。そこで「国歌斉唱をしたくない」と申し出て教員らに説得されるも、結局歌わなかった少女について紹介されていました。田花結希子アイリーンと実名で報道されていますが、母親がわざわざ、参議院議員会館で文部科学省の職員に「君が代斉唱を強制しないよう」要請したとのことです。

仲介したのは京都選出の共産党・倉林明子参院議員。さすが、共産党。こういうところにまで顔を出す。

「この親子は、「①君が代斉唱を強制されてとても不快な思いをした。②国歌法の制定時に政府が強制しないと答弁していたのに、斉唱を拒否した教職員を処分するのは信条の自由の侵害だ。③外国にルーツがあるものに対しての斉唱強制は、これからのグローバル社会に逆行している」という三点を挙げて、都道府県教育委員会の指導を求める要望書を文科省の職員に手渡したそうです。凄いですね。どんな嫌な思いをしたのでしょうか？

私自身も嫌な思いをすることはあります。例えば、結婚式に出席させていただくと、賛美歌を歌わされる。最初のうちはしぶしぶ歌っていたのです。しかし私自身が信じていない神を、いかにも信じているように歌うというのは、逆に失礼ではないか思うようになり、みんなと一緒に歌うことはやめました。

キリスト教は世界に布教活動をしていく中で、クリスチャンではない現地の人々を殺戮してきた歴史を持っています。日本でも、かつては宣教師とその仲間の外国人は、信者になろうと集まった日本人を奴隷にし、世界に売っていたのです。豊臣秀吉がキリスト教禁教令を出したのも、この事実があったからだとも言われています。詳しくは拙著『人種差別から読み解く大東亜戦争』(彩図社文庫)をお読みください。そのような歴史を見ていると、そんな排外主義的な宗教の歌など歌いたくありません。

しかし、結婚式には出席します。結婚式自体は成功して欲しいいし、結婚するお二人には幸せになって欲しい。でも、神だとかキリストとか、私が信じてないものを崇めるのには、いささか抵抗があります。気持ち悪く感じるのです。そこで一緒に起立はしますが、賛美歌は歌いません。

奇異の目で見られたりしますが、私なりに自分の信条を貫くという気持ちです。だったら出なければいいというかもしれませんが、祝福の気持ちはあるのですから、出席はします。

このように考えてみると、この少女は「歌わない」という選択肢もあったはずです。「教職員を処分するのは思想信条の侵害」というけれど、彼らは公務員ですからね。公務員が君が代に反対するのはいかがなものでしょうか? 確かに思想信条は自由ですが、公務員という立場なら、国歌を歌うのは当然だと、私は考えます。嫌なら公務員を辞めればいい。私はブラック大学で教員の資格も持たないような馬鹿な連中が教授面するのを見るのが嫌で、ブラック大学を辞めました。日本では退職する自由もあるのです。

また、「グローバル化に逆行している」という主張にも疑問です。オリンピックでもスポーツ大会でも、日本の選手が勝ったら表彰式で君が代が流れます。パリ・オリンピックでは、何度も何度も日の丸が上がり、国歌が流れました。その瞬間にこの人たちはテレビを消したのでしょうか。「グローバル化に逆行している」とオリンピック委員会に抗議でもしたのでしょうか。そうだとしたら、その神経が理解できません。決して国旗掲揚、国歌斉唱はグローバル化に逆行などしていません。

日本では簡単にグローバル化と口にしますが、国民や国家は、世界各地に断固として存在しているのです。「グローバル化だから」といえども、パスポートなしでは外国に行けません。「それはグローバル社会に逆行している」と騒いでも、国内から出られないし、また各国に入国することもできません。せいぜい、文句屋が意味不明なことを騒いでいると思われるのが関の山というものでしょう。

思想的に一貫してほしいのです。そこまで君が代が嫌いなら、天皇が嫌いなら、菊の紋章が入った日本のパスポートも持たなければいい。いっそのこと、捨ててしまえ！

知り合いにフランスの大学院に進んだ人物がいます。周囲には不法移民の人たちがたくさんいる。彼がこの人たちのところに行って「どうやったら仲間になることができるんだ？」と聞いたら「簡単だ、パスポートを捨てればいいんだ」と言われたそうです。真面目な彼は悩んで、「やっぱり捨てることができない」という気持ちになった。

パスポートを持っている以上、やっぱり自分が日本国民であるということを彼は感じずにはいられなかった。そして左翼の言う「グローバル思想」は幻想だということに気づいたのです。これこそが思想に真摯な向き合い方というものでしょう。

「あなたはパスポート捨てられますか?」と聞かれたときに「捨てられる」という人は多くないはずです。「絶対に天皇なんか認めない。だからパスポートを持たない」という主張は結構です。でも、それでは外国に行けない、その現実をどう据えるのでしょうか。

パスポートの存在が「グローバル社会に逆行している」と大騒ぎするのは自由ですけれども、何の意味もないことです。

「なぜ国歌、国旗を尊重しなければならないのか」を教育すべきだ

文部科学省の担当係長は、「文科省としては国歌国旗法制定時から、内心には立ち入らないが、日本人として国旗、国歌を尊重する態度は、外国の国旗国歌を尊重する態度につながることになり、その指導が必要であるという立場です」と答えています。

その通りです。

ところで、この少女は、「教員から、歌わないと皆がいままで練習したことが無駄になると40分間も説得された。でもそれは、子供の内心の自由が保証されていない」という実態を説明したといいます。

ここで私が問題だと思うのは、教員の指導の仕方です。「歌わないとみんなが迷惑する」など、教員の説明としてあってはいけない話です。こういう説得をされたら、私とて反発を覚えます。「練習が無駄になったってかまわないだろう。そもそも、集会の際に話している校長の話など全て時間の無駄だ。時間を返せ、もっと言うならお前の人生そのものが無駄だろう」くらい言いたくなる。

説得の仕方が余りに愚かであり、官僚的であり、くだらないのです。一言でいえば、馬鹿げている。

もちろん国旗、国歌を「絶対的に許せない」という立場もわからなくもない。何しろ、思想信条の自由は憲法で保障されているのですから。しかし、「国際社会の中で、国旗や国歌の持つ重要性をあなたにもわかってほしい、だから国歌を歌うのだ」という形で啓蒙すべきでしょう。「各国の国民が尊重する国旗、国歌を尊重できる子供に育って欲しい、そういう大人になってほしい」と説明すべきです。それが教師のとるべき態度です。これに反発する左翼は非常識としか言いようがない。

「みんなが迷惑するから」などと頼み込むのは最低の事なかれ主義で、非常に卑怯なやり方です。「では、迷惑をかけなければいいのか」という話になってくるではないですか。全員の時間をとってまで国歌の練習をする方が「迷惑」ではないのかとの反論が目に浮かびます。そういう意味では、まっとうに説得ひとつできない教頭や教師が悪い部分も大いにあります。

そもそも「みんなが迷惑する」というのは、どういう思考なのでしょうか。これを突き詰めると、ナチス親衛隊でユダヤ人虐殺に加担していたアイヒマンを育てるような教育になってきます。彼は戦後、逮捕されて裁判にかけられたとき「上からの命令で逆らえなかった」と供述しました。では、悪いことだと知っていても、みんながやっていたら、あなたもやるんですか？　ということになります。そんな論理は成立しません。「みんながやってる。だから、やっとけや」というごまかし方は、教師たる者の取るべき姿では決してない。つまり、言葉の力が教員にないのです。それは文科省や教育委員会が、教員に対する指導ができていないからです。そういう意味で、この少女が不満を感じるのは納得できます。

それでこの母親は「いややと思いながら口パクの子もいる。口パクをせざるを得ないという時点で、個人の内心に踏み込んでいる」と訴えています。歌う、歌わないは個人の自由、歌わない人がいて「口パク」を選んでいる。それも自由なはずです。なぜそれが歌うことの強制になるのか、私にはさっぱりわかりません。

もう一つ、この少女が「なぜ起立できないのか」をクラスに説明するため、「日の丸、君が代がどう使われてきたのか」の歴史をまとめたプリントを教師に配ってもらおうと、クラスの人数分コピーして持っていったところ、教師に止められたそうです。

これはこの子がおかしいと思います。自分の主張をアジビラにしてクラスで教師に配らせるなど論外です。自分自身で友達に渡せばいいじゃないですか。教員を使って配らせようとするのは根性が悪いとしか言いようがない。私は、この母親の、日の丸に対する拒否感が常軌を逸しているのではないかと疑っています。

天皇の存在を否定するのは勝手だけど……

実はこの事件、「週刊金曜日」が取り上げただけではなく、朝日新聞も2023年6月16日の京都版で、「君が代　私は歌わない」というタイトルで掲載しています。

「12歳の選択　先生は、友だちは」

「3月、君が代の練習が授業であった。先生にちゃんと言ったあとがいいのかな……考えがまとまらないままに立って歌った」。帰って母親に相談した。「卒業式は歌いたくない。でも私が立つまで式が始まらないとなるのが不安」と伝えた。

なんでそこまで君が代が嫌いなんでしょうか？

「ことばが苦手だからうまく伝えられないけれど、戦争の映画を見て、みんなが死ぬ時に『天皇陛下万歳』って言っていて。それがすごくつらくて。なんで死ぬ間際までそんなことになってんのって。みんな平等がいいのに、なんで天皇はあがめられているのかって。立ったり歌ったりすると、それを認めるようになるんじゃないか？」

そうですね。だから天皇について教えなければいけないのです。天皇は日本国憲法で「国民の象徴」とされているのですから、国民の象徴としてなぜ尊重されているのかを教えるべきです。仮に象徴天皇を認めたくないとしたら、もう日本には天皇なんていらないと、彼女は憲法改正を主張すべきです。しかし現在、憲法で認められている形で天皇陛下は存在し、国民統合の象徴になっています。好き嫌いは個人の自由ですが、「嫌いでも構わないけど、今はそうなっている」ということを、きちんと教えなければいけないはずです。

朝日新聞の記事は続きます。

「うちあけられた母親は翌日、小学校で教頭らと話しあった。(教頭は)卒業式を台無しにしてしまうかもしれない。こちらには歌わせる義務がある。教育委員会に逆らえない」と言われた。

「教育委員会に逆らえない」という言い方が問題です。この教頭も、自分の主義主張ではなく、「上から言われているから仕方なく」という態度が透けて見えます。お前もただのアイヒマンだろうというのがありありと感じられる表現です。それでは子供も反発するでしょう。せめて「法律で決められています」と説明すればいいのです。

そして担任の教師が「なんで歌いたくないの」と聞いたら、「歌うと天皇制を認めてしまうから。立つのは半分歌うこととおなじになる」と少女は答えました。象徴天皇を否定したいという強い思いがあって、君が代は歌えないということのようです。きっと彼女は、憲法を改正して天皇のいない日本を作りたいのでしょう。もちろん、ご自身の主張は自由です。しかし、現行憲法を尊重するのは日本国民の責務であり、少なくとも、そのように教えるのが義務教育というものです。

すると、「他の子供たちから誤解を受けるかもしれない。いじめの対象になったりするかもしれない。それが心配だ」と、今度は中学校の校長から言われたといいます。

でも、それは逆に、彼女自身の心情を裏切る発言です。「主義はともかく自分自身の思想信条を大事にしなさい」と伝えればいいだけでしょう。思想信条を貫くというのは相当の覚悟が必要です。いじめに遭うかもしれない。無視され、蔑まれることもあるかもしれない。しかし、それでもなお貫くのが信念というものでしょう。

万が一、思想信条を貫く勇気がないのに、口先だけで「強制がよくない」など異端の主張をしているとしたら、それはすぐに化けの皮が剝がれます。親も教えるときには、「違うことを主張するっていうのは、世の中では生きづらくなるよ」ときちんと教えてあげることが大事です。世の中の価値観と異なることを主張するのですから、「それでもやりたければ、徹底的にやりなさい」と背中を押してあげればいい。

結局、この少女は中学校の入学式でも立たなかったし、歌わなかった。「立たなあかんで」

と友達からも言われた。友達からしたら「?」と思ったんでしょうね。おそらく「これ立って歌うところだよ」と。悪意はない。中学1年生で天皇のことを考えている子は少ないはずだからです。私が同じクラスにいたら激論を交わしていたでしょう。でも「歌わないのなら、それなりに筋を通せばいい」と話すと思います。

私が身を置く学者の世界では、強く自己主張をすると、迫害されます。それでも私は自分の主張を変えたことは一度もない。いじめられようと何されようと、それが自分の信じる道ですから、言い続けるだけです。

私は日本のことが好きで、日本の歴史を誇りに思っています。それを否定するような議論に対しては反論する。リスクはあります。今では零落し、こんな私ですが、一時期は優秀だと目されていて、優秀な大学で教えることになるだろうと期待された時期もありました。しかし、自分の思想信条を貫くためにはそれはできませんでした。自分の心に嘘を言ってまで左翼に迎合したくなかったのです。我事において後悔せず。人間には敢えて茨の道を行くという選択もあるのです。

あえて問題を大きくする姿勢に異議あり！

もう一つ申し上げたいのは、この朝日新聞にしても「週刊金曜日」にしても、なぜこの問題をわざわざ取り上げるのかということです。取り上げるべきほどの問題なのでしょうか？

「こういう女の子がいて、反対していた」というだけの話。それをわざわざ記事にして持ち上げる必要はないでしょう。

実はこの両方の記事を読んで思い出したことがあります。大学院にいたときの話です。極左教授がいきなり変なことを言い始めました。

「昨日被害に遭った人はいませんか？」

被害？　何か事件でもあったのかと思いました。その前日に、ワールドカップかオリンピックだったたか、いずれにしても大きなスポーツの国際試合があって、それで日本が勝った。すると日の丸が掲揚され、君が代が流れた。「そこで精神的苦痛という被害に遭った方はいませんか？」ということだそうです。

こんな人とは絶対無理！　と、即座に私は思いました。これで「被害に遭った」と思う人もいるかもしれない、それは個人の自由です。しかし、私からしたら国歌斉唱、国旗掲揚で「被害に遭う」という発想そのものが信じられません。そういう教育が税金を投入された大学で行われている、凄まじいことです。

日の丸とか君が代を「被害に遭った」という文脈で語る、そんな被害者意識は卑劣だと私は感じました。それなら最初から見なければいいだけの話だからです。

ロシアが勝ったらロシアの国歌が流れる、中国も同様です。いくら「全体主義はおかしい」と叫んでも、現実に国旗掲揚、国歌斉唱は行わされます。それを止めることはできない。

国旗掲揚、国歌斉唱で被害に遭う？　バカも休み休み言え！

（2024年3月21日）

【第12講】日本を愚弄する朝日新聞「自衛隊70年社説」

「憲法9条があるから平和」なんてことはない!

今回取り上げてみたいのは「日本を愚弄する朝日新聞」です。というのも2024年7月2日の社説があまりにもひどかったからです。

「自衛隊70年　積み上げた信頼こそ礎」と記事のタイトルには書いています。朝日新聞が創業何年か知りませんが、「積み上げてきた裏切りこそが悪事の礎」と言わざるを得ないくらいです。

社説にはこうあります。

「自衛隊が1日で発足から70年を迎えた。平和憲法の下の実力組織として、国の防衛はもとより、災害派遣などの活動を通じ、いま日本では国民の幅広い支持を得るに至った」

社説ですよ、これ。個人の芸術表現ではありません。「平和憲法」と書いてありますが、これはいったい何なのでしょうか？「日本国憲法」なのに、それを「平和憲法」と呼ぶルールは誰が決めたのですか？

私はこの「平和憲法」という言葉自体に、大きな違和感を覚えます。「平和憲法」、「平和憲法」と言うけれども、憲法で平和になったことはありません。もちろん、憲法自体は戦争を起こすものではない。「憲法で三年で一度は戦争をすることを定める」などとは書かれていないのは当然です。そんな馬鹿な憲法が存在するはずがないのです。気味が悪いのは、「平和憲法」と叫んでいる人たちは、「日本は戦争しなければ平和である」という極端な考え方に基づいていることです。社説はこう続きます。

「一方、東アジアの安全保障環境の変化を受け、自衛隊のあり方を根本から変えるような政策変更が進む。先の戦争への反省の風化をうかがわせる事象も相次ぐ。地道に積み上げた信頼という礎を損なうことなく『国民を守る』使命を果たしてもらいたい」

ええ！　国民を守るために死力を尽くしてきた自衛隊を否定し続けたのはあなたたちでしょうと、私は言いたい。私は一応、教師をやっていました。そのときにうれしかったことがあります。

私の教え子が「日本ってなんで平和なのですか?」と私に聞いてきました。「君はどう思う?」と尋ねたら「日本国憲法9条があるからです」と答えました。そこで「でも、日本国憲法9条があると、なんで平和になるの?」と尋ねました。

彼は素直に「よくわかりません」と言いました。続けて「憲法9条があるから平和なんだと、小学校、中学校、高校まで教わってきました」と話すのです。

繰り返しますが、日本国憲法を平和憲法と言い換えること自体がおかしい。それは「日本国憲法9条の理念を守っていれば世界は平和になる」という馬鹿げた左翼の理念でしょうが、それが日本人の「平和ボケ」の原因になっていることは疑う余地がありません。彼は「なぜ平和なのか?」について、「そこまで突き詰めて考えたことがない」と正直に答えました。「憲法9条を守っていれば平和だと、ずっと教わってきましたが、『なんで』と聞かれたのは先生が初めてです」と話していました。

真面目な生徒でした。スポーツ関係の高校を卒業し、私のいたブラック大学の政治経済学部に入学してきました。「なんでここに入ったの?」と聞いたら、「政治のことをまったく知らないから学びたいんです」と。問答していくうちに、「憲法9条があるから平和だという論理は、どう考えてもおかしい」と彼も考えるようになりました。そして大学卒業後、海上自衛隊に入り、現在は幹部として働いています。私の誇るべき教え子の一人です。

真剣に考えれば考えるほど、「この憲法があるから平和である」という思考にはならないはずです。日本国憲法をそのままウクライナに制定すれば、ロシアのプーチンは攻めてこなかったのでしょうか？

こんな当たり前のことがわからないはずはないし、それを堂々と教えるなど、日本の教員の頭脳はどんな構造になっているのでしょうか。「平和憲法」という言葉を使うこと自体が詐欺まがいだと、私は思います。

いくら「この憲法があるから戦争はしない、させない」と力んでみても、それは戯言《ざれごと》でしかない。自分が戦争を仕掛けなければ戦争は起こらないと思っているのかもしれませんが、相手にも意志がある。相手が攻めてきたらどうするの？　と問われたときの答えがない。これが日本国憲法を「平和憲法」と呼ぶ最大の愚かさです。

本当に侵略戦争だったのだろうか？

朝日新聞の社説を続けましょう。

「1945年の敗戦で旧帝国陸海軍は解体され、新憲法9条で、戦争放棄と戦力の不保持をうたった。だが、冷戦の激化や朝鮮戦争の勃発を受け、米国から『再軍備』を求められた日本は、50年に警察予備隊を創設。保安隊を経て、54年に設けられたのが陸海空の三自衛隊だ。憲法の精神にのっとって掲げられた原則が『専守防衛』である。侵略戦争の反省を踏まえ、近隣諸国の脅威にならないという宣言でもあり、その意義は今も変わらない」

バカも休み休み言え。日本は専守防衛です。侵略しないのは当たり前です。第二次大戦の反省から、世界中のどの国も勝手に国境線を変えたり、領土を拡大したりするのは違法行為だと、国際的に認めています。日本だけ特殊な、専守防衛という素晴らしい理念を備えているというわけではありません。どの国とて攻められない限り、攻めません。これが当たり前です。

昨今、そのルールを破ったのがロシアですが、この話は別の機会に譲ります。ともかく自分たちからは攻めないというのが国際的な常識です。

専守防衛は当然。悲惨な戦争を違法化しようと人類は努力を積み重ねてきたのです。現在、どこの国であっても勝手気ままに宣戦布告などできないのです。

また、朝日新聞は「日本は侵略戦争の反省を踏まえて」と言いますが、果たして日本が行ったのは侵略戦争なのか？　よく考えていただきたい。

当時の日本をアメリカと比較したとき、うさぎとライオンほどの力の差がありました。うさぎがライオンを侵略するのかという話です。では日本は狂っていたのかという話になりますが、その真相は私の『後に続くを信ず—特攻隊と日本人』（かや書房）という本に詳しく書いてありますので、よかったらご一読ください。とても侵略戦争などではなかったのが明らかです。

「日本は侵略戦争をした。（憲法9条は）その反省を踏まえ、（日本は）近隣諸国の脅威にならないという宣言でもあり、その意義は今でも変わらない」と朝日新聞には書いています。

では聞きたい。朝日新聞が戦前、どんな報道をしていたか。徹底的に戦争を煽った新聞だったではないですか。昭和初期のころから、日本は不景気のどん底にありましたが、「朝日新聞を読むと気分が高揚する」と言われたほどです。

それなのに、現在「自分たちはまったく関係ない」と頬被りして論評している。そんな無責任な姿勢の象徴が「抑制的な防衛政策からの転換が、近年急速に進んでいる」という部分でしょう。安倍政権の集団的自衛権、岸田政権の安保三文書の改定について文句をつけているわけですが、集団的自衛権がなぜ必要かといえば、日本を守るためのものだからに他なりません。決して日本を戦争に引きずり込むためではなく、アジアの平和、日本の平和、世界の平和を考えたときに、「日本だけ知らんぷり」というわけにはいかないからです。台湾有事が生じれば、日本も出て行くかもしれないぞという警告を意味します。台湾有事を勃発させないための抑止力になるのです。国連に加盟している国は、集団的自衛権が加盟国の固有の権利として認められています。国際社会の常識が欠落している、それが朝日新聞です。

自衛隊も同様です。前述した私の教え子も、戦争をしたいから自衛隊幹部になったわけではありません。万が一、相手が侵略の野望を持った際に、どのように抑えるか、それには「侵略は無理だな、手強いな」と思わせる抑止力、それが大事です。自衛隊幹部の中で侵略したい、戦争したいと考える人などみたことがありません。

しかも、朝日新聞に対して腹が立つのは、有事の際に命をかけて現場に赴こうとする自衛隊の人々のことを何一つ考えることもせず、「使命を果たしてもらいたい」と上から目線で物言う態度です。朝日新聞が売れなくなるのも当然です。まるで自衛隊員が戦争をしたがっているかのように煽り、安倍政権は戦争に向かっていると根拠もない批判を繰り広げる。まったくのデマ、真っ赤な嘘です。

はっきり申し上げておきますが、日本は堅牢な防衛体制を固めていかなければなりません。日教組は「教え子を戦場に送るな」とキャンペーンを張りました。しかしながら私はむしろ「教え子を戦場に送れ」と主張します。こんな時代だからこそ、その覚悟、決意が大切です。

平和憲法？　バカも休み休み言え！

（2024年7月6日）

第4章

日本の社会を壊したい人たち

【第13講】経団連の「選択的夫婦別姓提唱」は軽すぎないか

伝統や文化があるから社会は成り立つ

経団連の十倉雅和会長が夫婦別姓を求めるような発言をしました。毎日新聞の記事で読みました。

「経団連が一刻も早く選択的夫婦別姓を求めるという異例の提言公表」ということです。

「(6月)10日、経団連は、希望すれば結婚している夫婦が、それぞれ従来の姓名字でいられる選択的夫婦別姓制度の導入を求める提言を公表した。国際化が進むビジネスの第一線で活躍する女性が増える中、旧姓を職場で通称として使用する日本独特の仕組みを、企業にとってビジネス上のリスクだと指摘。政府に対し、制度設計を盛り込んだ民法の改正案を国会に一刻も早く提出するように求めた」。

おいおい、大丈夫かという印象を持ちます。

まず「旧姓を職場で通称として使用する日本独特の仕組みが、企業にとってビジネス上のリスクとなる」ということについて考えましょう。

夫婦同姓は日本の伝統文化です。伝統文化を破壊してでも効率化を求めるなら「日本語をやめて英語を公用語にしよう」ということになります。「日本語こそビジネスの最大の障壁だ」という理屈が成り立つのです。確かに、日本語での会話は外国人には理解しにくい。そこで日本語をやめて、全部英語にすればいいのでしょうか？　伝統文化は各国によって異なりますが、それは単純に合理性という観点からだけで求められるものではありません。

一部には、「そうは言っても、夫婦同姓の制度は明治以降のものではないか」と主張する人がいます。確かに、明治以前は武士階級や名主以外には名字を持ちませんでした。だから「明治からの伝統をもって日本の伝統なんて言うのはおかしい」という論理です。

しかし明治維新から約150年、この間ずっと通用してきた制度です。約80年の日本国憲法よりずっと長いのです。

経済的な合理性だけで夫婦同姓をやめろという議論には断固反対です。「経団連は今年1月、選択的夫婦別姓の導入を政府に要望していたが、組織の意向を得て、強く反映する提言にまとめたのは初めて」と毎日新聞の記事にあります。

余計なことするなと言いたいですね。日本では、結婚した際に夫婦は必ず同じ姓に統一するよう法律で規定しています。しかし、改姓しても、以前から職場で認知されてきた旧姓を使い続けたいと考える女性が多い。このため企業では旧姓を通称、つまりビジネスネームとして使うことが多いのです。

私は、通称使用には便利な面があることは否定しません。例えば学者の世界では、姓を変えると、過去に自分が書いた論文が別の人のもののように思われてしまうことがあります。特に名が売れてしまうと、余計にそう思われてしまうので、通称を使っている人が多いのも事実です。例えば、東京大学の加藤陽子もその一人です。大学も世間も、通称使用を認めています。

日本では結婚した際に夫婦が必ず同じ姓に統一するようになっています。一方、中国や韓国などの儒教文化国では夫婦別姓です。極論すれば、男性と女性が「同じ姓を持つ家族ではない」ということ、つまり「同じ家族としては認めない」というのが中国や韓国の文化です。この発想には、私は賛同できません。

「別姓にしなければ」というイデオロギーに迎合するな！

経団連の提言では「通称使用は海外では理解されにくいことなどから、女性の活躍の着実な進展に伴って企業にとってビジネスのリスクになり、企業経営の視点からも無視できない重大な課題だ」とのことです。

ではその経団連に加盟している企業で、女性の経営者がどのくらいおられるのかを聞いてみたい。優秀な女性が社長になること自体全く問題ありません。「日本は女性が活躍している国です。また同姓という、ほかの国とは異なる文化を持っています」ということを国際的に認知させる努力から始めるべきです。

それもせずに、日本の制度を変えればいいんだなど、安易すぎる発想は邪道です。「大使館やセキュリティの厳しい企業を訪問する際、通称が記された名簿と法的な名称の氏名が異なることで、立ち入り禁止になるトラブルが多発している」ということを理由にしていますが、それこそ、夫婦別姓を導入しなくても対応する方法はあるはずです。少なくともトラブルを回避する方法を模索すべきです。

こうした議論は「夫婦別姓にしなければならない」というイデオロギーが先にあり、都合のいい方向に迎合しているとしか思えません。


「提言は、経団連会長及び20人の副会長らの協議や幹事会の承認を経て機関決定。経団連は経済界の意見を取りまとめ、法人税の引き下げなど、経済政策を中心とする提言で政府に影響力を発揮してきたが、家族法制の見直しの提言に踏み込むのは異例だ」


ちょっと待ってください。経済関連の話ならまだ理解できますが、我々国民の大事な姓について、経済団体に一方的に言われる筋合いはありません。

毎日新聞の記事では、「経団連の会員企業で通称使用で困っている女性が多数いる」そうですが、実際にどれくらいの人がいるのでしょうか？　1000万人、2000万人というなら大問題ですが現状はどうなのか？

海外のホテルが通称名で予約されており、パスポート姓名と異なって現地でトラブルになった人は26人。

通称名で口座やクレジットカードを作れない人26人。

大使館や企業への入館時に通称名と公的なＩＤが異なるトラブル19名。

通称では契約書サインが認められない人は15名。

論文や特許取得時に戸籍上の氏名が必須でキャリアの分断や不利益が生じた人11名。

通称名で不動産登記を行うことができなかった人８名。

ＩＣチップに旧姓が併記されておらず出国出入国時にトラブルに遭った人４名。

国際機関で働く際に公的氏名での登録が求められ、姓の変更でキャリアが分断した人が３名。


重なった人も含めて合計38名なのです。

回答者は経団連がアンケートした女性役員ですが、同じ立場の人が、全国にどれほどいますか？　このアンケートだけではわかりません。「経団連の役員の中で、こういう人たちがいました」ということを言っているだけです。しかもその回答者はたった１３９人。こんな小さな数字を根拠に提言をしていいのか？　私はおかしいと思います。もっと日本国民全体の問題として夫婦別姓の問題を考えるべきでしょう。

「日本古来の伝統だから」が理由ではない！

私が夫婦別姓に反対する理由は、第一に「夫婦同姓は日本古来の伝統だから、岩田はこれを壊すのに反対なんだろう」と思われがちですが、それは違います。ほとんどの人にとって名字というのは明治維新から後のものです。それより前に名字を持っていた人は極めて限られていたわけです。ですから「古来の伝統である」というのは無理があります。

明治維新の時、家族は夫婦同姓を基とするという民法が出来上がりました。このとき慶應義塾大学の創始者・福沢諭吉が面白いことを言っています。

「結婚して新しく家族を作った場合は、名字を融合させればよいのではないか」というのです。融合とは、例えば鈴木氏と大石氏が結婚したとしたら、鈴石という名字を新しく作るのです。そうやって新しい名字を作っていけばいいと主張しています。

確かに、当時は名字を持っている人が少ないわけですから、ある意味で斬新な意見ですが、新政府は採用せず、夫婦同姓とするという法律ができました。

夫婦同姓といった場合、前に述べたように夫の姓に妻の姓を合わせることが多かったのですが、必ずしもこう規定されているわけではありません。私の岩田というのは母の名字です。母方の名字を残したいとのことで岩田になりました。私にとっては、母方の名字を名乗るのに何の違和感もありません。

父方の名字をとるか、母方をとるかは自由に選択できるはずで、必ずしも男性のものを選ばなくてもよい。結婚する二人で話し合って決めればよいのです。

しかし「そうは言っても、多くは女性の姓が捨てさせられる」という声もあります。確かにそういう例は多い。しかしそれは「男性の姓を名乗るのが当たり前」と無意識に思い込んでいるからではないでしょうか。それが嫌なら「どうしてお互いに、自分の姓にこだわるのか？」を、徹底的に話し合って、妥協点を見いだせばよいだけの話です。「一方的に女性の姓が捨てさせられる」というのは偏見でしょう。

夫婦別姓は親子別姓を強いるシステム

それを前提にして、どうして私が夫婦別姓に反対するか説明します。夫婦二人だけなら、本人たちの同意があれば、夫婦別姓を導入しても社会的な混乱は起こらないでしょう。しかし、夫婦別姓は事実上、親子別姓を強いるシステムなのです。夫婦にお子さんがいらっしゃったときはどうするの？　という疑問です。

もちろん、夫の姓にするか妻の姓にするかは話し合って決められるでしょう。しかし、いまの日本社会では、好む、好まざるに関わらず、圧倒的に夫の姓になる場合が多い。それが夫婦別姓論者の議論です。

現在は父母のどちらかの姓を選択します。ですから親子、兄弟で別姓ということは基本的にありません。

しかし、「お父さんの姓、それともお母さんの姓にしますか」と子どもたちが聞かれたら、色々な問題が発生してくるはずです。

考えられる事例としては、AくんとBくん兄弟はともに中学生だったとします。この家は夫婦別姓で、兄はお母さんの姓、弟はお父さんの名字ということになれば、家族の中でも、対外的にも混乱をもたらしませんか？

あるいは男の子と女の子の子供がいたとした場合、それぞれがどちらの名字を選ぶのか？　男の子の場合はお父さんの姓にするのか、女の子の場合はお母さんの名字にするのか？　あるいは途中でころころ変えてもいいなど、様々なことが考えられます。ここの議論が全然尽くされていません。仮に親子別姓となった時に、実際にどんな弊害が生じるのか、まるで想定されていないのが現実です。

例えば子供が多感な時期、自分は父親の名字になってるけれど、父親と仲が悪いとします。その時に「どうして僕はお父さんの名字なの？　弟はお母さんの名字じゃない。どうして僕のことをお母さんの姓にしてくれなかったんだ。ぼくはお母さんに嫌われているの？」なんて議論にならないとも限りません。しかも、そこに例えば、おじいさんとおばあさんが出てくるとしたら、混乱に拍車がかかります。「同じ名字のＡくんはうちの孫だけど、名字の違うＢくんは…」なんて言い始めないとも限らない。家庭の中に余計な不安と混乱をもたらす可能性はないですか？

「そんなバカな」と思うかもしれませんが、仮に夫婦別姓を主張するなら、あらゆることを想定すべきです。夫婦別姓が一般的になったときに、どういった弊害が生まれるか。子供にだけ不自由を強いることになるのではないかと、私は主張しているのです。万が一、兄弟が別々の姓になったとき、子供たちはどう思うか。その想像力を働かせるのが、政治にとって絶対に重要なことです。

「子供はもしかしたらこうなるかもしれない」と想像すら働かせないで、議論を進めているというのが現状です。

「賢く変化する方法」を模索するのが保守主義の長所

そういった問題を一つ一つ丁寧に検討していくことが大事です。政治というのは、一気に変革しようとすると大きな混乱をもたらします。わかりやすいのはフランス革命やロシア革命でしょう。一気に改革しようとして、従来の制度を破壊した結果がどうなったかというと、これまで以上のひどい混乱状況が生まれました。

そんな混乱を抑えて秩序を打ち立てるためには、徹底した暴力を使うしか方法がなくなります。暴力によって強制的に秩序を作るのが全体主義国家のあり方です。極論かもしれませんが、混乱の果てに、全体主義的な日本が生まれる可能性がないとは言い切れません。

夫婦別姓という社会の根幹に関わる問題を、何も考えずに「いいじゃん」「便利なんじゃないの」と安易に導入すると、その子供たち、あるいは孫たちの世代で大きな歪みが出てくる可能性があるわけです。彼らは急進的な政治の被害者です。

政治は漸進的でなければなりません。右の極端も左の極端も排除して、ゆっくりゆっくり、国民が幸せになる方法を考えていくのが政治のあり方です。

漸進的というのは「変化を一切求めない」ということではありません。保守主義というのは、変化を拒絶するのではなく、賢く変化して行く方法を模索する営みを是認する考え方です。

つまり、いきなり社会の仕組みを変えると混乱が大きすぎるから、「こうやったらどうなるんだろう?」「ああやったらどうなるんだろう?」と、少しずつ思考実験し、問題がないと確信した時点で試していく。そんな形で進んでいくのが保守主義であり、政治のあり方の根本といえます。この根本を否定するようなことを平気で主張する人たちのことを夢想家、革命家、左翼というのです。

いくら考えても完璧な答えなど出てきません。でも人間は考えなければいけない。考えて考え抜いてみたけれど、それでうまくいかなかったら、また考えて、違うことに着手すればよい。しかし、深く考えもしないで「いいじゃん、やっちまえ」みたいな発想をし始めたら、政治は終わりです。

経団連は経済のエキスパートなのでしょうが、政治については素人です。万が一「言うことを聞かないと自民党に献金しないぞ」などと脅かし始め、自民党が唯々諾々と彼らの要求を呑み込んだら、国が滅びることになりかねません。

誤解しないでいただきたいのですが、私は一切を「改革するな」などと申し上げるつもりはありません。本当に不便なら変えていくのは当然のことです。しかしながら、夫婦別姓の問題はそうは思えないのです。

世間の一部には「夫婦別姓でバラ色の未来が待っている」といった雰囲気もあります。しかしこれはとても危険な考え方です。

繰り返しますが、いかなる制度設計の変更においても、プラスもあればマイナスもある。マイナスをできるだけ抑えるようにしても、想像した以外の弊害が出てくる可能性があります。想定できるマイナスをできる限りなくしておこうというのが私の主張なのです。

しかし、夫婦別姓容認派は、それを真っ向から反論してきます。まともに話を聞こうという姿勢がない。まるで反対論者に対しては「社会の前進の邪魔をするのか！」といった物言いです。

彼らにとって、夫婦別姓を推進することこそが正義であり、それに逆らう人間はおかしいという感覚なのでしょう。「1＋1＝2」であって、「1＋1＝3」というのは間違いだということと同じように、夫婦別姓に反対することは間違いだという議論は、活動家には通じる議論なのかもしれませんが、政治の世界ではまったく通用しない。

私は夫婦別姓論者のX（旧Ｔｗｉｔｔｅｒ）をチェックしていますが、すると私が、よっぽど頭の悪い野蛮人であるかのように書かれています。とんでもない！「哲学的、思想的に間違っているというか、勉強が足りないのはあなたのほうですよ」と教えてあげなくてはいけないないなと、本気で思っています。頭が悪い人が多いので理解できるか、わかりませんが……。

「家族制度を破壊したい輩」が進める夫婦別姓

お墓の問題もあります。日本ではお墓は大抵「〇〇家の墓」というものです。それが夫婦別姓になったらどうなるのでしょうか。夫婦2人で別々のお墓に入るのでしょうか？こういう問題についても考えたことありますか？

名字は明治以降のものであるとしても、もしかしたら、お墓はそれ以前から大事に守り続けてきたものでしょう。先祖代々とまで言わなくても、おじいちゃんからのお墓を守りたいというのは自然な感情といってもおかしくありません。「墓じまい」が騒がれる時代になっても、継承していくことを望む人がいるのは健全なことです。
しかし、お墓の問題については議論すらしない。「社会の混乱なんて二の次」というのが彼らの姿勢だとしか思えません。そこで私の頭に浮かんだのは社民党党首の福島瑞穂と、共産学者エンゲルスでした。福島瑞穂は、結婚後も自由に恋愛すべきだと言っています。雑誌に次のような寄稿をしています。「婦人公論」の1994年7月号です。

「結婚していようがいまいが、どうしようもなく動いてしまう。結婚した後だっていろんな出会いがあるし、素敵な人に会うことだってあるだろう。また、人を好きになる時に未婚と既婚を振り分けているわけではない。年上と恋愛すれば、その人に家庭がある確率が高くなるし、いい男には決まった彼女、妻がいることが多い」

要するに結婚した後も、夫とは別の男性を（女性として）愛しても仕方ないというのです。この部分だけを聞くと「自由恋愛のススメ」のように聞こえますが、実はもう一歩進めると「一夫一妻という家族の在り方そのものが時代遅れなんだ」というところまで行き着くわけです。

「行き着くというのはあなたの妄想でしょう」と言われるかもしれませんが、実際にそう主張しているのがエンゲルスです。『共産党宣言』を書いたマルクス＆エンゲルスの、あのエンゲルスです。

『家族・私有財産・国家の起源』という本が岩波文庫にあります。そこに「一夫一婦制が歴史に登場するのは、決して男女の和合としてではなく、いまやその和合の最高形態でもない」と記されています。要するに、一人の男性と一人の女性が結婚するというのは、「一方の性に対する他方の性の圧政である」ということで、歴史にある最初の階級闘争は、男性による女性の抑圧であるというわけなのです。

マルクス主義では、資本主義社会は資本家がプロレタリアートを搾取する、だからこれを解放しなければならない、と考えます。それを実践しようとするのが共産主義革命に他なりません。同じように、家族の中では、常に男性が女性を抑圧している、これを解放しなければいけないというわけです。つまり家族というものを否定するのが、マルクス＆エンゲルスの考え方の根本にあります。簡単にいうと、家族制度を敵視しているのが一つの特徴でしょう。彼らは家族制度というものを、対立と矛盾の塊としか見ていないのです。

法政大学の教授だった田嶋陽子はフェミニストとして有名な人物ですが、彼女はこう主張しています。「夫婦別姓というのは家族制度を破壊するための第一歩になる。だから夫婦別姓でなければならない」。そのようなイデオロギーを持つ人たちがいるということは、夫婦別姓を考えるうえで、頭に入れておく必要があります。

夫婦別姓を求めている人たちの大半はエンゲルスの著作を読んでいるようには見えず、多くは「不便だから変えよう」という程度の意識だと思います。確かに、不便な部分、解消できる部分は改めていくほうがいいでしょう。

ただ、夫婦別姓を叫んでいる人たちの中には、「家族という制度そのものを破壊したい」という目的の人たちがいるということを忘れてはいけません。

世界各地を見ても、家族というものを否定する人はほとんどいません。家族あっての自分であり、人間であるというのが、良識ある国民の必須条件です。

私は大学のときに、左翼の人たちが何を考えているんだろうと思い、エンゲルスの著作を読みました。そして理解できたのは「家族という制度自体が抑圧なんだ、離脱の自由がない、完全に離脱できない存在だ」という負の意識が根強くあることです。家族よりももっと離脱できる「親密圏」に変えていく、家族という制度にこだわる必要はないとの趣旨が左翼たちの著作に記されています。こういう人たちが夫婦別姓を推進しているのです。

その一方で、不便だから変えようと純粋に考えている人たちもいます。それについては否定するつもりもないし、その部分は改善していくほうがよいと思います。

しかし、イデオロギー的に家族というものを敵視して、「男性が女性を搾取するためのシステムの基礎は一夫一婦制にある」というエンゲルス的な考え方を引きずったフェミニストたちの意見を容認するわけにはいきません。

そこで夫婦別姓がいいと考える方は、一度、エンゲルスの本をはじめ、左派の人たちの書いてる家族論を、ぜひお読みいただきたいと思います。いい加減な夫婦別姓論や家族観に惑わされず、ちゃんとお勉強してほしいと思います。ろくに勉強もしないで、自覚のないまま、付和雷同するのだけはおやめいただきたい。

「夫婦別姓って男女平等のためには必要でしょう」。何という浅学な……バカも休み休み言え！

（２０２４年６月11日／２０２４年６月26日）

【第14講】いい加減にしろ、LGBT思想

間違った〝世直し思想〟を断罪する!

勘違いされてはいけないので先に申し上げておきますが、私はLGBTの人々の存在を否定していません。人にはそれぞれの考えがあり、様々な価値観を持って生きているわけですから、他人が何やかんやいい、悪いということには意味がありません。

私が憤っているのは、このLGBTを政治的なイデオロギーの一つとしている集団に対してです。特に後で申し上げますが、「トランス」の問題。社会的マイノリティを金科玉条として、「既存の価値観が全部間違っている。世の中のあり方を変えろ」と、こういう思想のあり方に反対しています。だからLGBTの存在を否定するのではなく、政治的イデオロギーとしての「LGBT思想」を批判しているのです。

私がここでいう思想はイデオロギーという意味と受け取ってもらって問題ありません。一つの偏頗《へんぱ》なイデオロギーに基づいて、世の中を根本的に変革しようとする人間たちに対して、私は怒っています。

彼らには「いまの世の中は間違っているんだからぶっ壊してやろう」という革命思想が根底にあります。そんな革命思想にLGBTの人たちが利用されていると解釈すべきです。

例えば、LGBTというわけではありませんが、滑稽な話がありましたのでご紹介します。愛知県稲沢市に伝統的な「国府宮はだか祭」というものがあります。尾張大國霊神社で開かれ、ふんどし姿の男たちが激しくぶつかり合う奇祭です。この裸の男同士が激しくもみ合う神事に、女性が初めて参加しました。市のホームページにはこうあります。

「この神事は尾張一円からサラシの褌に白タビ姿の数千人の裸男が集まります。寒さを吹き飛ばす『ワッショイ』の掛け声と、揉み合いの熱気が国府宮にはちきれます。また、裸になれない老若男女は、氏名や年齢等を書いて願いを込めた『「なおい布」を『なおい笹』に結び付けます。その『なおい笹』を裸男たちは担ぎ、群れをなして威勢よく境内へ駆け込み皆の願いと共に奉納するのです」

神社によると、長年の慣習から神事には着衣での参加は許されておらず、女性は事実上参加できなかったそうです。でも地元の女性団体が神社側に参加を希望し、神社は対応を検討し、着衣での参加が認められたとのことです。

裸祭りはこの地域だけでなく、いろんなところで開催されていますが、基本的に男性のみ参加しています。女性が裸になるのは嫌だからでしょう。これにも男女一致を主張してみると滑稽なことに気づきます。何が滑稽かと言ったら、「裸祭り」と謳っているのに、着衣で参加したら、これ、裸祭りではないじゃないですか。

裸祭りに参加したいというのなら、女性も裸で参加すればいいのです。逆もありえます。「女性は着衣を認められているのに、男性は認められていないのはおかしい」。こういう話になってきかねない。これがエスカレートしたら、「裸祭り」は名前だけになって、みんな着衣で参加するということになる。「着衣祭り」に名称を変更するのでしょうか。

アガサ・クリスティ風に言えば「そして誰もいなくなった」という感じで、「そして伝統などなくなった」なんてことになりかねません。私はこれを見た時に「滑稽以外の何物でもない」と感じました。

もちろん、男女平等は日本国憲法で保障されています。平等の権利を阻害することがあってはなりません。もちろん、女性参政権を否定しろなどと説く人は、いまの世の中にはいないはずです。

ただ、腹が立つのは、伝統的な祭りを続けたいのであれば、やはり伝統にのっとって、祭りの精神を尊重しなければならないということです。「裸祭り」が着衣でいいということになったら、マラソンもバイクで参加させろとの主張にも一理あるということになりかねません。そうなったらこれはもはやマラソンとは言えません。

以前にも、大相撲大阪場所で、当時の太田房江大阪府知事が、優勝力士にトロフィーを渡すために土俵に上がろうとしたところ、「神聖な土俵に女をあげてはならない」ということで物議を醸したことがありました。大騒ぎしていましたが、馬鹿馬鹿しい騒動でした。「それなら女性がまわしを巻いて上がったら……」とも思いますが、本当にそんなことを望む女性はどれくらい存在するのでしょうか。為にする議論だとしか思えませんでした。

男と女は異なる性別に従って、役割が違う場合もあるはずです。女性にしかできないこともあるし、男性でなければというものもあってしかるべきでしょう。男は逆立ちしても子供を産むことができないのです。

男と女は役割分担をしながらやってきました。そこを、無理に一緒にしようとしたら無理が出てくるのは自明の理です。

「ダメなものはダメ」というのは、かつての社会党の土井たか子委員長の言葉ですが、長く守られてきた伝統を「悪い習慣だ」と決めつけて叩くという発想は、もうやめた方がよろしい。

ヨーロッパの価値観に負けてLGBを排斥した日本

滑稽な話はまだあります。ただし、滑稽ではすまなくなる事態です。次の記事は産経新聞に掲載されていました。例えば「神戸女子学院、絶対に認めない検討トランスジェンダー生徒受け入れ」。

LGBTのうち「トランスジェンダー」というのは、L（レズビアン）、G（ゲイ）、B（バイセクシャル）とは異なる人々です。「バイセクシャル」とは男も女も両方とも愛せる人のことですが、LGBというのは、人類の歴史の中において、本来はそんなに特異なものではなかったのです。

ある時から「これはおかしい」ということになった。それはキリスト教の旧約聖書、新約聖書、そしてイスラム教の預言者ムハンマドが神の言葉を語り、記されたというコーランの影響によるものが大きいと考えられます。

ちなみに「預言者」は、よく間違えられますが、予言者ではなく預言者。ムハンマドなどは神の言葉を預かる人であって、将来を予言する人ではありません。だから「明日地震が起こる」なんて予言することは仕事ではありません。

世界の中でも大きな三つの宗教、「啓典」による宗教が、同性愛という問題についてとても厳しく禁じています。神がこれを許していない、神によって許されざる罪であるとしているのです。例えば旧約聖書には「ソドムの街」というものが出てきます。そこにはありとあらゆる悪が蔓延《はびこ》っていて、結局、神の逆鱗に触れて、雷によって滅ぼされてしまうのです。旧約聖書の神様はとても怖い存在で、ちょっとでも人間が裏切ったら許さない。神に背く悪の一つが、街で蔓延っていたとされる同性愛です。現代でも、「ソドミー」といえば、基本的に同性愛を指します。

ここが日本や他の世界と異なるところです。例えば戦国時代の日本では、織田信長と森蘭丸などが愛人関係にあったとされており、「稚児文化」に対して鷹揚《おうよう》でした。それが許されざる悪であるという発想はなかったわけです。日本には民を雷によって懲らしめ、街を消滅させるような唯一神は想定されていませんでした。

調べてみると、興味深い事実がありました。明治時代には文明開化で西洋に追いつくことが日本にとっての至上命題でした。当時の日本はヨーロッパに近づくことが最重要課題で、道徳的な価値基準まで含めてヨーロッパを模倣しました。すると、ヨーロッパではこういったLGBを敵視することがわかった。しかるに我が国はこれまでどうだったか、こうした存在に鷹揚でした。ここで明治の先人たちは焦ったわけです。「いや、我々の文明は良くない」『やっぱりヨーロッパに追いつかなければいけない』ということで、人々の性に関する意識を改造していこうとしたわけです。

特に日本においては特に問題なかったのに、西洋においては大問題。神に許されない所業、それがLGBだったわけです。

時代の変遷に応じて、いまはヨーロッパも寛容になりましたが、イスラムは相変わらず厳格で、同性愛は犯罪行為とされています。マレーシアのアンワル首相は、同性愛の罪で懲役刑になったことすらあるのです。

要するに、もともとLGBに寛容だった日本は、西洋に追いつき、追い越せを目標に、これを禁止しました。でもそれがまた逆立ちして、今度は「ＬＧＢに寛容になれ」というのです。どれだけ西洋に振り回されたら気がすむの？　と言いたいですね。

問題はＴ（トランスジェンダー）なのだ！

いずれにせよ「ＬＧＢ」まではさほど大きな問題ではないと思います。個人的問題であり、社会に混乱をもたらすことはありません。問題は「Ｔ」すなわち、「トランスジェンダー」です。この思想は、いままで人類が考えたこともないような領域にまで近づいています。自分の性別に違和感を持つ人というのは、過去の文献を読んでみても一定数います。だからトランスジェンダーの人がいることは否定できません。

ただ難しいのは、それが一時の気の迷いなのか、それとも恒久的なものなのか、それとも他人に影響を与えるものなのか、こういったことはほとんど何もわかっていないのです。それなのに、わかっていないものをわかったように論じているのが、一番の問題です。なにせ〝わからない問題〟について論じているのですから。

このトランスジェンダーに関しては、自らが生物学的に持って生まれた性別と、自分自身が意識している性別の違いに違和感を持ち、それに悩む人がいるということです。そして、「そういう人たちは気持ち悪いから差別しろ、迫害しろ」などという議論には私は大反対です。そういった人たちが、少しでも住みよい国になるようにという思いが、私にもあります。

しかし、「性自認主義」という点が問題です。本当に心の底から悩んでいる人もいるでしょう。その一方で、自分の欲求を満たすために「自分の意識を最優先しろ」と主張する場合もあります。「今日は私は女ですから、女として認めろ」「いや、昨日までは男なんですから男として認めていたのは当然だ」などという「性自認主義」など人類史上例がない。つまり「男である」「女である」という生物学的なものには価値がないと言っているわけです。生物学的男性、生物学的女性で区別すること自体が差別だという主張まで登場する始末。世も末かと思いますよね。

ここまでくると、私は狂気の世界に入っているとしか思えません。百歩譲って生物学的な男性、生物学的女性の存在に違和感を覚える人々の存在は理解できても、その人たちをどう扱えばいいのか、との問題は別問題でしょう。

「自分の性別は自分で決めるべきものなんだ」というのが、今日のリベラリズムの行き着く果てなのです。つまり「自己決定こそがすべてである」という考え方の極地といってよいでしょう。これがさらに進むと、「性別も自分で決められないのは世の中の風潮がおかしい。この仕組みを変えろ」というふうになり、やがていわゆるフェミニストたちが「女性という枠、男性という枠なんていらない、捨ててしまおう」と主張し始めれば、世の中が大混乱に陥ります。

私は「LGBT理解増進法」ができる前から、ずっとこのように主張しています。「いや、考えすぎだよ」といったご批判もいただきました。反対論を展開する私は「差別主義者だ」とレッテルを貼られもしましたが、彼らの主張こそとんでもない主張なのです。

つまり、LGBTのTの問題について、あまりにも考えが浅すぎるのです。特に性自認が女性」といった場合に困る問題が出てきます。

大多数の人は、自身の性自認、つまりジェンダーアイデンティティを心の中で感じています。しかしトランスジェンダーは、この心の問題に体の問題が付随するという発想です。例えば体には男性のシンボルがついている。でも「心は女なんだ」と主張して女湯に入ってきたらどうしますか。「それはいやです」と拒絶する権利だってあるはずです。

それを私は昔から提言してきました。「温泉などでは、生物学的な特徴を基本とするという通達が厚労省から出されていますから、まったく問題ありません」という見解もあります。しかし、「通達が出されたから大丈夫」などと安心していると、「通達そのものが差別だ」と、そういう方向に行かないとも限らない。

政治家はそれがわかっていない。「そんなことはありません」などと堂々と言っている与太者もいますが、はっきり言って勉強が足りない。つまり想像力が欠如しています。「そんな通達そのものが差別だ」と言われる可能性について考えたことがないのでしょう。

本当に困ったことです。自民党の岸田政権のケチのつき始めは、どう考えてもこの「LGBT理解増進法」にありました。ここできちんと議論しなければいけなかったのに、特に安倍派と言われている政治家たちが、これを推進しました。少なくとも歯止めにならなかった。例えば萩生田光一。当時は政調会長でした。この立場にいるのならおかしな動きに歯止めをかけてくれると期待していたのに、深く考えず軽く流してしまった。思わず天を仰ぎました。

女子高、女子大の存在そのものが〝差別〟なのか？

「性自認主義」の問題については、「では女子高校、女子大学ではどうなるのか？」という問題も出てきます。これも産経新聞を読んでみましょう。

「首都圏と近畿圏にある一部の私立女子中学校高校で、戸籍上は男性でも女性だと自認するトランスジェンダーの生徒の受け入れが検討されていることが3月10日、明らかになった。性の多様性の尊重は社会的な潮流となっており、男女共学の枠組みにも変化を迫る。アンケートからは新たな理念との対峙を余儀なくされた」

学校現場の苦悩が浮かび上がったという内容です。はっきり申し上げると、男子校も女子校もそのうち「差別の温床」と断罪され、おそらく「なんで男性だけなの、女性はいけないの？」と、「別学はいけない」という流れになっていくでしょう。もう止められないと思います。

奈良県大和高田市にある私立女子校・奈良文化高校では、男女共学を認める方向で協議を始めているということです。ここは普通科だけでなく、衛生看護学科も設置しているため、これらのスペースの確保など、施設面の課題に苦慮しているそうです。「スペースの確保」などという話になっていますが、これも「スペースを別にされること自体が差別だ」となってくる可能性もあります。とても難しい問題です。

外見が男性で性自認が女性といった人が女子高を希望したときに、「でも君は生物学的な男だから」と断ると、「なぜだ、差別だ」ということにもなりかねないのです。「どうして私が行ってはいけないの？」と言われたときに、ＬＧＢＴ理解増進法に賛成した人々は何と答えるのでしょうか？

このように、一度この性自認主義というものを認めてしまったら、まるでドミノのように、次々と性差というものが倒れていく。現在の更衣室や男女別のトイレなどは、生物学的な見地に基づいて設置されているわけです。しかし、性自認主義を認めて、そちらの方を優先しろとなれば、自分は女だと主張する人は、「どうして？私は女性なのに女子トイレを利用できないの？」ということになります。

反対に外見は女性で、「生物学的にあなたは男です」となった場合、「ではなぜ女性として女子高校、女子大学に入学させたんですか？」となったときに、どう答えるのかが問われます。

以前、女子生徒の制服はスカートだけでした。しかし現在ズボンも認める方向で、生徒を含めた委員会も立ち上げるところが増えています。身体的には女性でも、性自認は男性という生徒を想定し、配慮できる環境にしたいというのが目的のひとつです。

女子高というのは、女子の高校生だけしかいないから、女子高なのです。性自認は男だという人がいたらおかしいということでないと、論理の一貫性が保てない。

こうした事例は、性自認が男性でも女性の場合でも、世の中にたくさんあるでしょう。それをどうするのか、受け入れるのか、再考を求めるのか。とにかく「ＬＧＢＴ理解増進法、万歳！」などと考えていた議員、マスコミ。バカも休み休み言え！

（２０２４年３月17日）

【第15講】LGBTを煽るマスコミが子供たちをミスリード

不幸の原因は性自認のギャップなの？

特に重大なのは、実は「性というのは移ろいやすいもの」だということです。これはもう明らかになっていて、「一瞬の気の迷いの場合も多い」と論ずる本も出版されました。アビゲイル・シュライアーの『トランスジェンダーになりたい少女たち　SNS・学校・医療が煽る流行の悲劇』という本で、KADOKAWAが嫌がらせに屈して出版を取りやめ、産経新聞出版から出版されました。「ヘイトではありません　ジェンダー思想と性自認による現実です」と帯に謳われています。興味がある方は、ぜひご覧いただきたいと思いますが、大騒ぎするような本ではありません。ここでかいつまんで紹介してみましょう。

要するに、年端もいかない子供たちは、ＳＮＳの影響を非常に受けやすく、「自分がなんで周囲に受け入れられないだのろう、なんで家族からも愛されないいんだろう」と悩んだあげく「あ、実は性自認が違ったことが原因なんだ」ということでホルモンを投与したり、色々な治療をして、心も体もボロボロになってしまったという例がたくさんあるということです。それが近年、何千倍にも増えているというのです。

衝撃的な内容といえます。これを読んで考え込んでしまいました。

自分たちの不幸の原因ってなんだろうと考えるのは、多感な時期にありがちです。しかし、不幸の原因を安易に性自認の違いに結論づけるのは早計でしょう。

誰か権威ある人々にホルモン投与や治療をすすめられたら、子供たちが受け入れてしまうのも無理ありません。胸が大きくならないようにするにはどうしたらいいかとか、あるいは女性ホルモンを投与するとか、そういうことをやり始めると、取り返しがつかなくなる場合があります。この領域にまで足を踏み入れさせようとする一部の医師などが存在し、社会に混乱をもたらしている。ここに警鐘を鳴らしているのが本書です。

この本の具体的なデータが、どこまで真実なのかは不明ですが、十分にあり得ることだろうなと感じました。

人生にかかわる問題について「いや、決めつけはおかしいよ」とか「いや、まだ若いんだから、もうちょっと待ちなさい」と、じっくり考えさせてあげるのが大人の知恵でしょう。性転換の手術をしたいという子がいたら「まだ10代じゃないか、そんなに焦らないで」と諌めてあげるべきでしょう。

10代のうちは、自分がどんな人間なのか、自分でもはっきりわからない人が多いはずです。自分の適性を探すためには時間が必要といえます。文系なのか理系なのか、あるいはどんな学問が向いているのか、どんな大学がいいかなど、なかなかわからない時期でしょう。それを一生懸命模索している時期に、後戻りのできないような手術をするのは、やっぱりよくない。それが社会の常識というものです。

トランスジェンダーだけが生きにくいのではない

学校現場で生徒から性自認のギャップを相談されたらどう対処すればいいのかと悩む教員が増えてくるでしょう。

私も、実際に以前ゼミ生だった教え子から話を聞きました。中学校の教員である彼のクラスに、生物学的には男の子なのですが、性自認としては女性という子がいる。確かに外見は女の子のようで、だから「自分は女の子だ」と言ってスカートをはいたりする。でも、それがいじめの対象になりかねないともいいます。気の毒といえば気の毒です。

トイレは職員用の女性用トイレを利用してもらう。一般の女子トイレに入って問題が生じては本人も周囲も困るからです。それで親にも周囲にも納得してもらい、なんとかやっていたそうです。

これは現場の知恵だと思いました。画一的にこうしなさいと強制すると、問題を引き起こします。例えば他の女の子たちに、「性自認が女性だと言っているのだから生物学的な問題だけで男子学生扱いするのは偏見や差別だ」などというのは、他の生徒たちの声を聞かない暴論です。これを差別だというのは、おかしいでしょう。

そうではなく現場で丸く収めるという形、それで双方納得できる形にしたほうがいいんじゃないですか？

ただ、何度も繰り返しますが、生物学的に男性で性自認が女性でも、一見、女の子に見える子供はいいけれど、明らかに男の子にしか見えない子が女子トイレ入ってきたら、周囲は怖がるでしょう。この心理を「偏見だ」と決めつけるわけにはいかないと考えるのが常識的です。決して差別ではない。

トランスの人間は生きづらさを感じているのでしょう。事実だと思います。あらぬ誤解を受けて涙する日もあるでしょう。しかし、実はトランスだけでなく、人間はみな生きづらい存在なのです。生きづらさを抱えていない人など、世の中にいないと言ってもいいくらいです。それがたまたま、トランスジェンダーの問題かもしれない。あるいはＬＧＢＴの問題なのかもしれない。

私が身を置いているアカデミズムの世界の中における「保守派」、つまり私のような〝右翼〟などほとんど誰にも保護されないし、理解増進法など作ってもらえることもない。むしろ激しく攻撃されたりします。とても生きづらい存在です。自分自身が保守的な考え方を持っていることを必死に隠して生きている人も多い世界ともいえます。

例えば、貧しい家庭に生まれたら生きづらいのも事実でしょう。私の実家も豊かではなく、大学出た後に外国に留学したいと思っていましたが、やはり無理でした。親には頼めないし、自分でなんとかしたかったけれど、自分の力で行けるようなところではない。なお、大学院からは親に一円も出してもらっていません。家賃も学費も全て奨学金、アルバイトでした。留学の場合奨学金をもらっても、外国での生活費が捻出できないという現実がありました。そこで諦めることにしました。私なりに不条理や生きづらさを感じた瞬間でもあります。しかし、私は世の中や社会を恨もうとはしませんでした。運命として受け入れることにしました。

多くの人々がそういう宿命や運命を抱えながら生きている。背が低いことにコンプレックスを持って生きている人も生きづらいと思っているかもしれない。背が高いことにコンプレックスを持つ女の子も多いのです。あるいは太っている、または華奢に見えるとか、いろんなことで生きづらさを感じる人は多い。誰も生きづらさを感じない世の中はありません。

ユートピアみたいな世の中は絶対に来ないのに、そういう世界ができるんだという幻想をふりまいていくのは、やはりマルクス主義的な考え方です。「革命が起こればすべてよくなる」といった発想に通じるのです。

ＬＧＢＴを利用する悪徳勢力

私は弱者を利用しようとする人たちを批判しているので、決してＬＧＢＴの人たちそのものを批判するつもりはありません。ＬＧＢＴの存在をもって世の中を変革する梃子にしようとする連中に憤りを感じているのです。

「ＬＧＢＴ理解増進法」などは、変革の梃子に利用されそうな最たるものです。なくていい法律を堂々と作るのが保守政党のやることかと呆れます。「いい加減にしろ！」と、強烈に指弾したい。

イソップ寓話にこんな話があります。犬と鍛冶屋の話です。犬はみんなが仕事をしている間は、ぐっすり眠っているのですが、人間が座って食事というときになるとゆっくり起きてきて尻尾フリフリ、主人の所へ擦《す》り寄っていく。餌を下さいというわけです。鍛冶屋が犬に向かって言います。「重たいハンマーの音を打ち合わせる音には一向に起きてこないのに、人間が奥歯を噛み合わせる小さな音に反応して飛び起きてくるのはどういうわけだ？」

自分自身の利益が期待されることにはいそいそと耳を傾けるが、利益になりそうもないような話にはまったく冷淡な人間がいることを解き明かしているという わけです。

何言われても馬耳東風で、みんなが一生懸命苦労してるときには知らん顔。しかし、無料でご飯でも食べに行こうかとなったときだけ、擦り寄ってくる。こういう人を「人間のクズ」と呼ぶのです。そんな人間のクズが活動家には多くありませんか。

肉体変更なしの性別変更には断固反対せよ！

結論から言えば、そもそも性自認による性別変更を認めることに反対するしかありません。例えば手術をして男性器をとった方がおられたとします。「そういう人は女性に入れていいのではないか」というのが通説でした。しかし、その後、性同一性障害と診断され、手術を受けずに戸籍上の性別を男性から女性に変更するよう申し立てた当事者に対し、広島高等裁判所は変更を認める決定を出しました。これまで戸籍上の性別を変更するには外観を似せるための手術が必要だとされていましたが、裁判所は「手術が常に必要ならば憲法違反の疑いがある」と指摘したのです。

しかし、それはどうなのでしょう？　手術なしで自己の申告だけで性を転換できるとの考え方は社会に大混乱をもたらします。

そもそも、手術したら生物学的男性は〝女〟になれますか？　生物学的女性が男になるのはさらにハードルが高いでしょう。やはり「自然の摂理」というものがあります。体は生まれながらのものですから、部分的に変えることはできるけど、全面的かつ、完全に異なる性に転換することはできないでしょう。

したがって、人間の科学の力で性転換が可能であるとの幻想をなくし、「できないものはできない」ということを、事実として認めることから始めるべきです。

私の主張は急進的な性別変更推進グループより穏健です。トランスジェンダーに苦しむ人々が存在することは理解するし、認識もすべきです。しかし、若いうちに安易に性転換手術などすべきではありません。そもそも生物学的性差は科学によっても完全には転換できないのです。

もしかしたら、手術せずにいて、時間が経ったら気が変わる可能性もあります。

安易な性転換手術を擁護する輩に一言。バカも休み休み言え！

（2024年3月17日）

【第16講】早田ひな選手が教えてくれた「特攻隊員たちの心情」

特攻隊の若者たちが「後世に残そうとしたもの」とは

パリ・オリンピックの開会式が「ひどいものだった」と思うのは、私だけではないはずです。レオナルド・ダ・ヴィンチの「最後の晩餐」のパロディとして、ＬＧＢＴのような人たちを登場させたり、あるいは、フランス革命で斬首されたマリー・アントワネットの生首が動き出す演出などが、とても不気味だなと思いました。（このオリンピック開会式そのものに不快感を感じていたのです。）

しかし、その反面、とてもいいエピソードがありました。卓球の女子団体で銀メダル、女子個人で銅メダルに輝いた早田ひな選手が、帰国後の記者会見でこう語ったのです。

「生きていること、卓球ができるということが、当たり前ではないのを感じたい」

そして「行きたい場所」を聞かれ、「横浜アンパンマンこどもミュージアムと鹿児島の特攻資料館に行きたい」と明かしました。鹿児島県南九州市の「知覧特攻平和会館」のことです。

知覧は戦争中、旧陸軍の飛行場が建設されて特攻の基地になった場所です。ここから多くの若者たちが、「祖国の山河を守るため」に飛び立ちました。特攻で戦死した隊員1036人のうち439人がここから出撃したといいます。特攻隊員の遺影や遺書など約6000点が展示されていて、語り部による講話なども行われている場所です。私自身、何度も訪れ、感動しました。

アンパンマンと戦争との関係の秘話は、ジャーナリスト門田隆将先生の『慟哭の海峡』(角川書店)に詳述されています。アンパンマンの作者、やなせたかしの弟は、大東亜戦争時、バシー海峡で戦死しているのです。大変優秀な弟を失った悲しみがアンパンマンに託されている可能性が高いのです。自分の身、自分の顔を犠牲にしても困っている人を食べさせるアンパンマンの姿は自らの身を犠牲にして祖国を守ろうとした特攻隊の若者たちに重なるものがあります。

そう考えながら、アンパンマンのマーチを聴き直してみてください。きっと胸に迫り来るものがあります。東日本大震災の際、老若男女を勇気づけたのがアンパンマンのマーチだったと聞いたとき、日本人の自己犠牲を美とする精神は、時を越えて感動を与えるのだと感じ入りました。

特攻隊に関しては、現代の女子高生が戦時中の日本にタイムスリップして隊員の青年と出会い、恋をする姿を描いた小説『あの花が咲く丘で、君とまた出会えたら』（スターツ出版）が大ベストセラーになり、実写版の映画も公開されました。おそらく早田選手も、この映画を観たのだと思いますが、自分の命を盾にして、祖国を守る彼らの姿に心打たれたのかもしれません。パリ・オリンピックという大舞台で必死に戦ってきた自分と、どこか通じるところがあったのでしょう。

まもなく戦後80年、若い世代は戦争の悲惨さを知らないはずです。私も戦争の話は聞いたこと、読んだことしかありません。実際に経験したことはありません。この資料館には中学生や高校生が「平和学習」――胡散臭い言葉ですが――で来ており、そこで当時、自分と同世代の若者たちが残した遺書などを見て、祖国のために生命をかけた当時の青年たちの悲しくも、熱い精神を感じてくれればと願っています。

実は特攻隊に関しては、「彼らの自己犠牲は命令されてやむなく飛び立った」とか「狂気の沙汰」「特攻隊は犬死だった」などという論評があります。しかし私からいえば、それこそまさしく〝誹謗中傷〟です。

旧日本軍の作戦自体が非道だったり、無謀なものであったことを否定するつもりはありません。しかしながら、その反面、自分の命を投げ出してでも、祖国を守ろうとした若い人たちが大勢いたということを真剣に受け止める。それが後世に生きる我々の義務ではないかと考えています。

そう考えて、私は『後に続くを信ず　特攻隊と日本人』(かや書房)という本を上梓しました。祖国日本を守り抜こうとした彼らの心には、「敢然と立ち向かっていく民族の誇りがあったはずだ」と信じて執筆した一冊です。

例えば「自分がどうやって生きているのか」とか、「自分の人生ってなんだろう」とかを考えていく上では、政治も歴史も文学も、すべての学問が有機的に結びついてきます。僭越ながら、学生の頃から哲学や歴史に関する本を読み漁っていた私が、学生時代に出版した『日本人の歴史哲学』(産経新聞出版)、近年出版した『後に続くを信ず』(かや書房)の二冊をお読み頂ければ、「後に続くを信ず」という、特攻隊員が残した言葉の重みもわかるはずです。

人生における真の学びとは、「自分がどうしてここにいるのか？」を探すことでしょう。過去の社会に生きた人々、歴史を形作ってきた人たちの有形無形の知恵を受け継いで、現在の我々がいる。そして、私たちの生きている瞬間こそが、将来生きる人々の過去になるのです。我々の現在は過去生きてきた人々の将来の姿でもあるのです。

オリンピックに関しては、上野千鶴子が「オリンピックのアスリートには国なんか背負って欲しくない」などと発言していましたが、浅薄な発言としか思われません。

アスリートというものは、どんな場合でも全力を尽くすという意識を持つ人たちですが、その中に「国を背負っている」という誇りがあるのでしょう。個人の記録を更新する。立派なことです。しかし、自分たちの姿を国民が見てくれているという信頼感がある。だから選手は必死に戦い、我々は応援する。「国を背負っている」アスリートの姿が、我々を感動させるのです。

私自身はスポーツはやりませんし、観ることもほとんどありませんが、やはり日本人が優勝したとか、メダルを取ったと聞くと、誇らしい気持ちになります。「我々の代表として頑張ってくれたんだな」と感じるから、うれしさが募るのです。

「後に続くを信ず」は魂の叫びである！

『後に続くを信ず』は反響が大きく、産経新聞に施光恒《せてるひさ》先生の書評が掲載されました。

「本書のテーマは、先の大戦で散った特攻隊の若者たちを国の歴史にいかに位置づけるか、そして彼らの想いから何を学ぶべきかである」

人間は共同体を形成して生活しています。現代社会は「水平共同体」といえます。いわば横の広がりです。いろいろな人がいま現在、一緒に生きている共同体で、これが横軸となります。

もうひとつが「垂直的共同体」。「垂直」というのは時間軸、つまり縦軸です。過去・現在・将来を貫く共同体という意味です。この縦軸と横軸とが合わさって国家というものが形成される。そのように私は考えています。

いま現在一緒に生きている人のことだけ考えたら、国家というものは成立しません。私にはまだ子供がいません。そこで教育に対して税金を払うのはつまらないという発想になるかもしれない。自分の子供はいないので教育のサービスを受けることがないのですから。

でもそこで「教育にお金をかけるのはやめましょう」と主張するつもりはありません。国家というものは、現在、生きている人のものだけではなく、過去に生きてきた人、いま生きている我々、そして将来、我が国に住む人々を束ねた存在でもあるのです。これが「垂直的共同体」ということです。

もちろん、いま生きている人は大事です。だからさまざまな弊害をなくすために、政治家は取り組まなければいけない。

しかし、それだけではない。「国家百年の大計」という言葉がありますが、「垂直的共同体」という歴史で培われてきたものの真髄を、いかに「水平共同体」と掛け合わせるか、これが保守主義の核心だと、私は思っています。

いわば「絆の社会」「絆の国家」です。現代人の多くは「絆が国家の基盤」と聞くと、集団主義的なものを感じ、違和感を覚えるかもしれません。しかし、ウクライナやガザの戦争で悲惨な状況を見るにつけ、国民の絆や国家の基盤が不安定だと、平和で平穏な暮らしは成り立たないことがわかってきました。

私は、戦後の日本人は、特攻隊で飛び立った若者たちだけでなく、日本という国の歴史を作ってきた先人の思いを忘却し、彼らの思いを充分に受け取ってこなかったのではないかと考えています。そのために垂直軸が失われ、それが日本の基盤を揺らがせている、という懸念しています。書評は次のように記してくれています。

「『後に続くを信ず』とは、特攻隊の若者の間でよく使われた言葉だ。『特攻隊として出撃した自分たちが死んでしまうのは確実だが、その後で、平和に繁栄する日本を築き上げてほしい』という後世の我々へのメッセージである。

現在の日本には、特攻隊の死を『犬死に』『無駄死に』だったとしたり顔でいう者も少なくない。だが岩田氏は、彼らの死が意味を持つかどうかは今を生きる我々にかかっていると強調する。我々が先人の想いに恥ずかしくない生き方をしようと決意するに至れば、彼らの死は決して無駄なものとはならないからだ。

日本を取り巻く世界情勢は不安定さを増している。暮らしの先行きも不透明だ。そうしたなか、本書は、我々日本人に、先人の想いをくみ取り、しっかりと日々を生きることの必要性を平易な言葉で語り掛けるものである」

ありがたいメッセージです。

また「正論」（２０２４年10月号）でかつて編集長を務めておられた桑原聡さんが書評を掲載して下さいました。内容は以下です。

「早田ひな氏が「今したいことは」と問われ、『鹿児島の特攻資料館に行って、生きていること、卓球ができることは当たり前ではないということを感じたい』と答えた。『なんというタイミングだろう』と驚いてしまった。なんとならば、岩田さんのこの新著は早田氏のような思考、すなわち、父祖の血と汗のおかげで現在の自分たちがあり、自分たちは子や孫のためにできることをしていかなければならないという、祖国の歴史に連なろうとする思考が自然にできる日本人を一人でも増やしたい、との強烈な使命感で書かれたものであるからだ」

おっしゃる通りです。強烈な使命感が私を突き動かしました。そして、こう続けています。

「書名となっている『後に続くを信ず』とは、特攻で散華した青年の遺書にあった言葉だ。

様々な解釈が可能だろうが、「自らの命を投げ出し、後世の我々に日本の将来を託した。そうした言葉ではないか」と、岩田さんは記す。本書を貫くのは、特攻隊の青年たちへの心からの敬意と、戦後になって彼らの死を「無駄死に」、「犬死に」などと愚弄する言辞を吐き、はたまた自分たちのイデオロギーに合うように、彼らの遺書を編集という名の改竄《かいざん》を加えて世に流布させた〝進歩的文化人〟たちへの大いなる義憤だ」

現代を生きている我々日本国民としては、我が国を我が国たらしめるために死んでいった方々への共感と共鳴を礎とし、平和の尊さを嚙みしめなければならないと思っています。忘れてはならないのは、戦没した学徒兵の遺書を集めた遺稿集『きけ　わだつみのこえ』の許されざる改竄です。「進歩的文化人」を気取る編者が遺書にある愛国的、軍国主義的表現を削除し、かつ「無謀な」「愚かな」といった形容詞が無数につけられているのです。イデオロギーによる歴史解釈は、正しい歴史に蓋をする〝捏造〟だとさえ考えています。

こうした行為に手を染めた進歩的文化人に限って、戦時中に世相に同調して「死んでくれたまえ、学生たちよ」と叫んでいましたが、戦後、何の反省もなく、特攻で散華した青年たちを愚弄しているのです。この事実には、腹の底から怒りがこみ上げてきます。

書評は「岩田さんの途方もない熱量が感じられる本書を、できることなら早田さんに読んでもらい、率直な感想を聞いてみたい。そう心の底から思った」とまで書いてくれています。早田選手がなぜ知覧に行ってみたいと思ったのか、ご両親の教育がよかったのか、どんな先生にお会いなさったのか、私自身、深くは知りません。でも、特攻隊員たちの遺影や遺書を眺めているだけでも、考え方が変わります。早田選手が「卓球ができるというのは普通のことじゃない」と語り、「どういう人たちのおかげで平和になったのかを確認するために知覧に行ってみたい」と答えたのは、とても立派なことです。

そこで私は、早田選手に『後に続くを信ず』（かや書房）と『日本の歴史哲学』（産経新聞出版）という本を送ってみました。実際にお読みいただけるかどうかわかりませんが、この世の中、奇跡というものがあるかもしれないので、万が一、お読みいただけたら、本当にうれしいです。

特攻平和会館で受けたカルチャーショック

私がタクシーの運転手の方から聞いたエピソードがあります。『後に続くを信ず』にも書きましたが、実際に鹿児島に行ったときの話です。

知覧という場所は鹿児島の中心部から少し離れており、空港から鹿児島中央駅に行き、そこから車を利用しなければなりません。結構、到着までに時間がかかります。

あるとき、タクシーに乗り込んできたのは金髪でピアスをつけた3人の若者でした。「知覧の特攻平和会館に向かってくれ」と言われ、運転手さんは少し嫌な気分がしたと言います。真剣さがなく、車内でも馬鹿話をしてはしゃいでいるだけ。今時の若者ですね。

「何のために特攻平和会館に行くのだろう?」と疑問に感じたそうです。それで会館に着くと、ここで待っていて欲しいと頼まれ、運転手さんは彼等が見学を終えるまで待機していたそうです。

1時間か2時間ほどしたら、青年たちがタクシーに帰ってきました。鹿児島中央駅に戻る車中、彼らは無言のままでした。行きとはまったく様子が違って、真剣な表情で考え込んでいた。「翌朝、迎えに来てほしい」と頼まれました。

すると、金髪でピアスをつけていた青年たちは一変していて、全員が坊主頭のように短髪にし、ピアスも外していたというのです。

「もう一度知覧の特攻平和会館に向かってください」と言われ、再度向かいます。車中、彼らはやはり無言でした。再び待機し、戻ってくるのを待っていたら、彼らは号泣しながら戻ってきた……。

この話を聞いて「後に続くを信ず」との言葉を遺し、祖国のために散華した特攻隊の想いが、後世に生きる日本の青年に伝わったのだと私は感じました。特攻隊の方々の死は決して犬死でもなければ、無駄死にでもなかったのです。

どんなに左翼の連中が「あの戦争のとき、日本人は狂っていた」とか「彼らの死は犬死にだった」と叫んでも、実際に遺書を読んだり、亡くなった方々の写真を見たりしたら、心に染み入るものがあるはずです。素直な心で想像力を働かせながら、自らの情緒を大切にし真剣に考えれば、特攻隊の方々の真摯な声が聞こえ、胸に迫りくるものがあるのだということを、このエピソードが教えてくれます。

本当に大切なのは、この3人の若者たちのように、真剣に特攻隊の方々の姿と向き合うことです。そのときに心の底から「後に続くを信ず」の言葉の意味が分かってくるのだと確信しています。

そうしたものを大切にしていくのが、私は本当の意味での歴史教育だと思っています。「何年に何が起こったのか」という歴史的事実を学ぶのが悪いわけではありません。歴史的事実に関する正確な知識は必要です。でもそれ以上に大事なのは、「自分自身があの時代に生きていたら?」という想像力です。そんな局面で、「自分だったらどうしただろうか」、あるいは「その時代に生きた若者たちがどんな思いで戦っていったのか」を真剣に考えるのが、真の意味での平和教育にほかならないと思っています。

こういう想いを持った青年を大事にし、そして散華した人のことを後世の若い人たちに伝えること、それが、日本の将来を託すことだと思うのです。

『後に続くを信ず』は、若い人たちに読んでほしいと思って書いた一冊です。ぜひ若い人たちに手にとってもらい、彼らの純粋な思いを知ってほしいと願ってやみません。

その一方で、戦後、そうした彼らを罵倒し続けてきた、頭のおかしな左翼たちがいたという事実も、併せて知ってほしいと考えています。

特攻隊は犬死にだった? バカも休み休み言え!

(2024年8月30日)

【第17講】

天皇陛下と総理が靖國参拝できてこそ真の独立国

なぜ安倍元総理は靖國参拝ができなかったのか

毎年、夏になると靖國神社参拝の問題が騒がれます。そのたびに「こんな状態で日本が真の意味での独立国家と言えるのか」と考え込んでしまいます。

独立国の総理大臣が堂々と靖國神社に参拝できない。もっと言えば、いまは天皇陛下に靖國神社をご親拝いただけない状態が続いています。

なぜそんなことになるのか？

もちろん、中国や韓国がとやかく非難してくるというのが直接的な原因です。

しかし、実は最大の原因は、中国や韓国との関係ではなく、アメリカとの問題になってくるのです。なぜかといえば、日本とアメリカは大東亜戦争を戦いましたが、戦勝国アメリカは「自分たちの国が正義で悪の国である日本に勝った」ということを自分たちの歴史にして、国民の物語として紡いできたからです。

日本としては、「おかしいだろう」と反論すべきところは多々あります。例えば「日本が残虐行為を働いた」という議論がありますが、では、アメリカの原爆投下は人道的に最悪の残虐行為ではないのか。当時、アメリカは日本全土を空襲し、焼夷弾の雨を降らしていました。一番有名なのは東京大空襲ですが、爆弾を落としたり機銃掃射したりして、非戦闘員である無辜《むこ》の民を大量に虐殺していった。

戦闘員ならいざ知らず、まったく無抵抗な人間を殺しておいて、「これが正義の戦争だ」と胸を張るなど、日本国民として納得できるものではありません。

私の親族も東京大空襲で亡くなっておりますし、大東亜戦争で戦没しています。そういうことを考えてみると、やはり「アメリカの正義の戦争」とか、「悪の戦争だから日本が敗れたのだ」などというアメリカの歴史観を、到底認めることはできません。

ただ一方において、戦後の日本の歩みを考えてみると、日米同盟というものを堅持しながら経済発展を続けてきた事実は否定できません。歴史の問題については口をつぐんでしまっている部分があり、何も言えない状況を作り出してしまった。外交評論家として活躍していた岡本行夫の立場が一番わかりやすいでしょう。彼は現実問題を語る際には、リアリストとして日米同盟の重要性を説き、いわゆる左翼・リベラルとは正反対の立場を取ります。しかし、歴史問題を語る際になると、日本ではなくアメリカの歴史観に従って語り始め、まるで日本が侵略戦争を始めたかのような議論をし始めるわけです。

でもこれは、本来の主権国家としてのあり方としてはおかしい。しかし、この誤謬を是正するのはそう簡単ではないのも事実です。

例えば、安倍晋三元総理ですら、首相在任中は、総理大臣として靖國神社に参拝することはできない状態が続いていました。なぜか？　ある情報筋から聞いた確実な話なのですが、安倍元総理としては「集団的自衛権」の問題を明確化することを優先したかったのです。二つの課題を同時に解決することは出来ないとの判断を下しました。安倍元総理は靖國神社参拝を熱望していたが、「それより集団的自衛権を優先すべきである」とアドバイスしたのが、亡くなった岡崎久彦元駐タイ大使でした。確かに靖國神社参拝は大切なことなのですが、これからの日本を考えてみると、集団的自衛権がない状態で今後、台頭する中国と対峙することはできない。もう一度、日本が焼け野原になるような事態は絶対に避けなければいけないという苦渋の選択で、靖國神社の参拝を断念したということをうかがいました。

政治家というのは結果責任がすべてですから、これも安倍元総理ご自身の意向だったに違いありませんが、おそらく本人の中でも忸怩《じくじ》たる思いはあったでしょう。

しかし、そんな状態が延々と続くというのは、独立国家として実に情けない姿であると思わざるをえません。総理大臣だけでなく、天皇陛下が堂々と靖國神社にご親拝をしていただけるような国になってこそ、真の独立国家なのではないでしょうか。

英霊の遺書を改竄したのは戦後の左翼

しかしその一方で、国のために命を捧げた人のことを、平気で冒瀆するような学者やマスメディアが蔓延《はびこ》っているのが日本の現実です。個人としても心底、申し訳ないと思います。靖國神社の英霊のことについて書かれている本を読んでみると、「これを見て、人間として、あなたはどう思いますか?」と問わずにはいられません。

例えば、愛知県名古屋市出身の方で35歳で戦死した人のお子さんへの手紙(要約)。

「どうか不幸な人から幸福になる人に、お母さんをしてあげてください。それにはお母さんの言いつけをよく守り、お母さんの良き相談相手になり、決して心配させないでいただきたい。それを父は希望します。引いては成人するにつれて、名誉ある家族の辱めざること。崇高なる日本の根本は忠孝にあること。強く美しく、香りのある梅の花の如く咲き誇り、健やかに正しく生きて欲しいと思います。

昭和18年10月2日　父より」

こういう文章を読んでいて、平気で冒瀆する学者やマスメディアに対して、あなたたちは本当にこういう人たちの心情を汲み取ることができないのかと、問いたいのです。よく、「遺書なんて軍に検閲されるから書きかえられたりして、本音なんて出せないんだ」なんて、したり顔で語る人がいます。でもこれはデタラメです。

実際に遺書を書きかえていたのは戦後の左翼たちだからです。先ほども紹介したように私は『後に続くを信ず』を出しましたが、有名な『きけ　わだつみのこえ』(岩波文庫)も改《かい》竄《ざん》されたものです。「情勢に悪影響を与える」と言って、勝手に遺書を改竄していく。そうすると本来の意味が通じなくなってくる。改竄され本来の意味が通じないまま、遺書のその部分だけを読むと、「戦争は絶対に嫌だ」という気持ちになってきます。しかし、全体を読んでみると全然そんなことは書いてないのです。

国のためを思って死んでいった人たちの思いを踏みにじってきたのは、実は戦後のリベラルと称する左翼の人たちです。さらに言うなら、戦前、日本の若者たちに戦意高揚を説いていた人たちが、戦争が終わった途端、「あの戦争は侵略戦争だった、あんな戦争に加担した人間は愚かだった」なんて平然と言い放った。こんな醜い話はないと私は思います。

例えば、小川平吉氏という方の遺書があります。昭和18年、たった22歳で亡くなってしまいました。人生わずか20年の流れの激しさには、思わず涙が出ます。

「我は国のため家のため、社会のために尽くすとき、我が闘志、人間を捧げるときが、日本の孫の子らが喜び、生活に幸福なる姿、目に浮かぶ、我は行く、尊き犠牲の一人として悠久の大義に生きる……」

極限の中で「自分がなすべきこと」に向かっていった人たち

死にたかったはずがありません。自分から進んで「死にたいです」という人はほとんどいない。まあ、世の中には変わった方もいらっしゃるから、そういう人もいるかもしれないけれども、多くの場合は生きたいと思う。家族と時間を過ごしたいとか、幸せに生きていきたいと願っている。しかし事態が悪化し、国家が戦争という事態になってしまったわけです。

それに対して「あなたたちはこの時の流れを変えることができたのではないですか？」と問いかける人もいますが、それはあまりに残酷というものです。では政府の高官だったら変えることができたのか、昭和天皇だったら可能だったのか……実に難しい問題です。

残念ながら、戦争というものは一方の意志だけでは始まらない。相手にも意志があるのです。したがって、こちらがどんなに避けようと思っても、相手がやるとなった場合は、なかなか避けられないのが現実です。

国家の上層部の人たちは国策の決定に携わることができます。しかし、我々のような一般人は、その決定に携わることなどできないわけです。

そこで、自分の国が存亡の危機になったとき、「自分ができることは何だろうか」と考えて、その中で「自分の最善」をやり尽くしたいと願った人たちのことを冒瀆するのは、人間として卑怯なことでしょう。何もしないでヘラヘラしていることが立派なことだとは思えません。

我々は戦争に負けた後の日本の状態を知っています。でも彼らは知らないまま死んでいったのです。もしかしたら、日本という国がなくなってしまうかもしれない。日本語がなくなるかもしれない、日本民族もいなくなってしまうかもしれない。そんな状況にしたくないと考えて、「自分が今できる最善のことは何か?」を突き詰めて、そして散っていった人たちです。

こういった人たちのことを「愚かだった」と断罪する知識人が、例えば東京大学などで教鞭を取って、次の世代を育てていった。そしてまたその弟子たちがアカデミズムの世界に存在する。これはまさに戦後日本の不幸以外の何物でもない。

亡くなった渡部昇一先生は彼らを「敗戦利得者」と規定しました。敗戦によって自分たちが儲けてしまったというような人たちがいるのは事実です。こういう敗戦利得者たちの群れを一掃していかなければいけない。

そのためにはまず、靖國神社で眠っている「英霊の言乃葉」というものを、素直に読んでみるということが大事です。ぜひ皆さまも8月には、別に8月には限りませんが、靖國神社に参拝なさることがあったら、こうした英霊の言葉に耳を傾けていただきたい。戦って亡くなった人たちの素直な気持ちが伝わってくるはずです。彼らの心情を思うと、そしていまの日本の現状を見ると、泣きたいような気持ちになってきます。

（2024年8月15日）

岩田 温（いわた　あつし）
1983年生まれ。日本学術機構代表理事。早稲田大学政治経済学部政治学科在学中に『日本人の歴史哲学』（展転社）を出版。早稲田大学大学院政治学研究科修士課程修了。著書に『日本の歴史哲学』（産経新聞出版）、『後に続くを信ず』（かや書房）、『政治学者、ユーチューバーになる』『いい加減にしろ！』（ワック）などがある。

バカも休《やす》み休《やす》み言《い》え！

2024年10月29日　初版発行

著　者　岩田 温

発行者　鈴木 隆一

発行所　ワック株式会社

東京都千代田区五番町4-5　五番町コスモビル　〒102-0076
電話　03-5226-7622
http://web-wac.co.jp/

印刷製本　大日本印刷株式会社

©Iwata Atsushi
2024, Printed in Japan
価格はカバーに表示してあります。
乱丁・落丁は送料当社負担にてお取り替えいたします。
お手数ですが、現物を当社までお送りください。
本書の無断複製は著作権法上での例外を除き禁じられています。
また私的使用以外のいかなる電子的複製行為も一切認められていません。

ISBN978-4-89831-912-3